공자에서 다시 공자까지
중국철학의 흐름

공자에서 다시 공자까지
중국철학의 흐름

임태승 저

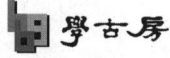

| 머리말 |

춘추시대의 공자와 현대중국의 공자

"집대성(集大成)"이란 말은 중국문화와 사상에서 매우 중요한 용어이다. 왕부지(王夫之)는 중국고대철학을 집대성했고, 왕양명(王陽明)과 주회암(朱晦庵)은 각각 심학(心學)과 이학(理學)을 집대성했으며, 순자(荀子)는 선진(先秦)철학을 집대성했다. 용솟음치듯 활발하게 비등하던 여러 생각과 주장들이 걸출한 한 인물을 만나 명쾌하게 정리되곤 하였던 것이 중국철학의 발전과정이다. 같은 맥락에서 볼 때, 중국최초로 원시적·신화적 세계관을 집대성하여 체계적이고 세련된 사유체계로 변화시킨 이가 공자(孔子)이다. 그 사유체계는 다름 아닌 유가(儒家)이다. 모든 원시철학이 그러하듯, 유가도 윤리학에 주안점을 두었다. 일개 백성에서부터 통치자에 이르기까지 인간은 인도(人道)라는 도덕성을 발휘해야만 했다. 인도(人道)가 발휘될 때, 자식은 효도를 하고 아버지는 자애를 베풀며 신하는 충성을 하고 통치자는 왕도(王道)정치를 할 수 있다는 것이다. 그런데 유가는 이러한 "정신적 규범"의 발휘를 위해, 예(禮)나 종법제와 같은 "형식적 규범"을 활용하고 옹호했다. 원래는 전자(前者)가 목적이고 후자(後者)는 수단이었다. 그러나 인간은 필경 수단에 더 집착하기 마련이다. 때로는 고매한 동기보다는 달콤한 충족감에 쉽게 젖을 수 있는 "형식적 준수"에 매달리는 면도 나타났다. 명분과 절차에 탐닉하다보니 근본을 망각하게도 되고 본성을 잃게도 되었다. 이러한 유가적 세계관으로부터 벗어나려 했거나 혹은 반기를 들었던 사유체계가 도가(道家)요 묵가(墨家)다. 첫 번째 탈유가주의(脫儒家主義: post-Confucianism)의 등장이다. 그들은 갈증에 지친 이에게 시원한 청량음료와 같은 존재였다. 선진(先秦)시기 혹은 그 후로도 지속적인 영향력을 지녔지만, 그러나 큰 흐름의 주체는 어디까지나 유가였다. 한대(漢代)는 유교(儒敎)가 근대에 이르기까지 국교(國敎)의 지위를 누리게 된 도약점이었다. 인간과 사회가 다시금 유가의 명분(名分)과 교화(敎化)로 지치게 될 즈음, 바로 위진(魏晉)시기에 현학(玄學)이 등장해 피곤한 정신세계를 달래 주었다. 두 번째 탈유가주의(脫儒家主義)다. 한편 한대(漢代)에 전래된 불교는 중국사유세계에 커다란 전환을 가져왔다. 그런데 마치 유가와의 정면승부에 실패한 도가가 부귀장수를 좇는 도교(道敎)로 변모되었듯이, 중국에 들어온 불교도 유가라는 현세(現世)철학 때문에 현세종교가 아닌 "정신적 종교"로서의 선종(禪宗)이 주류가 되었다. 대의(大義)와 명분을 추구할 땐 유가적 군자가 되고, 근원적 욕망은 도교신(道敎神)에게 호소하며, 이 모든 일상으로부터 도피를 꿈꿀 땐 선종에서 종교적 평정을 구했다. 이로써 선종은 세 번째 탈유가주의(脫儒家主義)의 역할을 맡게 되었다. 한편 선종은 이전에 유가사유가 지니지 못했던 매우 설득력 있는 관념론적 논리를 지닌 사유체계이기도 했다. 정통유학자들은 선종의 논리에 흥미를 느끼는 한편 선종의 유행에 위협을 느끼게 되었다. 하지만 그들은 적과의 교류를 겁내지도 부끄러워하지도 않았다. 면역력을 키우고 더 큰 발전을 이루기 위해 선종의 논리를 섭취하였다. 이 점은 실로 유가의 미덕이라 아니 할 수 없다. 그 결과 새롭게 수립된 체계가 바로 신유학(新儒學)이라 불리는 이학(理學)이고 심학(心學)이다. 원(元)·명(明)·청대(淸代)를 거치면서 유가는 서서히 "유교(儒敎)"로 변모하게 되었다. 최초의 고귀했던 이상(理想)은 실종되어 버린 채, 유가는 통치이데올로기이자 우상(偶像)으로 변질된 것이다. 통치자는 유가의 논리를 빌어 그들의 권력을 보존할 수 있었고, 유학자들은 유가지식의 독점으로 말미암아 상류사회의 지위를 확보할 수 있었다. 이 때문에 그들 양자는 유가사상이 어용철학으로 변질되는데 상호 동조하고 협력하였다. 이후 이와 같은 정치와 철학의 장기간에 걸친 유착이 빌미가 돼 중국은 종이호랑이로 전락했으며, 아편전쟁 이후 밀어닥친 서구의 문화·과학·기술·정치제도 앞에서 결국 처절한 열등감을 맛보았다. 뒤늦은 자각과 이로 말미암은 개혁사상 혹은 극단적 공자비판 등은 네 번째 탈유가주의(脫儒家主義)이다. 중국을 재건하는데 있어 전통을 어떻게 재해석할 것인가 혹은 공자를 이제 어떻게 대할 것인가의 문제는, 하지만 엉뚱하게 결말이 나버렸다. 마르크스주의의 유입과 이 전연 새로운 사상에 기반 한 마오쩌뚱(毛澤東)이 패러다임 자체를 바꾸어버린 것이다. 이로써 공자와 유가는 수면 위에서 사라져 버렸다. 하지만 중국사상사의 긴 역사는 훗날 이 사건을 그야말로 "순간"으로 기록하게 될 것이다. 공자는 다만 잠시 사라졌을 뿐, 결코 죽지 않았다. 덩샤오핑(鄧小平)의

"중국식 사회주의"는 욕망을 누르며 숨죽이던 중국인민들에게 단비와도 같은 꿀맛도 주었지만, 자본주의의 폐단도 함께 안겨주었다. 입에는 더욱 좋은 음식이 들어가고 몸에는 좀 더 나은 의복이 걸쳐 지지만, 정신은 반비례적으로 황폐해 지고 있다. 지금도 계속 확대되는 이 모순을 어떻게 치유할 것인가? 결론은 다시 공자에게 기대는 것이다. 그리하여 현대중국에서 공자는 다시 화려하게 부활하고 있다.

이 책은 이처럼 공자에서 다시 공자까지의 중국사상의 흐름을 좇아가게 된다. 동아시아의 양대 사유체계인 유가와 도가의 사상은 물론 음양오행설·묵가·법가 등 원시철학의 형성과 발전과정을 살피게 되며, 이어 불교의 중국전래 및 송명(宋明) 성리학(性理學)과 양명학(陽明學)을 거쳐 근대사유세계까지를 고찰한다. 아울러 중국사상과 문화의 맥락을 짚어봄으로써 우리의 정체성에 스며있는 사상적 뿌리를 정확하게 이해하려는 것도 중요한 목적이다. 이 책은 한 편의 "짧은 중국철학사"이다. 특히 한 숨에 중국철학의 전반적인 흐름을 이해하려는 이에게 유용할 것이다.

글의 체제는 『중국철학삼백제(中國哲學三百題)』(夏乃儒 主編, 上海古籍出版社, 1999)를 일부 참조하여 구성하였다. 하지만 이 책의 내용에 대한 책임은 전적으로 필자에게 있음을 밝힌다. 끝으로 변함없는 신뢰를 주신 하운근 사장님과 편집에 애써 주신 최선희 선생님께 감사의 말씀을 드린다.

2005년 8월
중국 난창(南昌)에서
필자 씀

목 차

머리말 / 5

1. 중국철학은 어떤 단계로 발전해 나갔을까 / 13
2. 중국철학의 네 가지 특징 / 29
3. "음양陰陽·오행五行"설은 어떻게 이루어 졌나 / 37
4. 중용中庸과 인仁을 강조한 공자사상 / 49
5. 백성이 임금보다 귀하다고 말한 맹자 / 63
6. 인성人性에 관한 맹자孟子와 고자告子의 논쟁 / 71
7. 맹자의 성선설性善說과 순자의 성악설性惡說 / 79
8. 유가에서 말하는 경도經道와 권도權道는 무엇인가 / 89
9. 도가에서 말하는 "도道"는 무엇인가 / 97
10. 장자莊子는 어떠한 인생관을 가졌을까 / 107
11. 선진先秦시기 철학의 두 쟁점: 천인天人과 의리義利 / 117
12. 선진先秦철학을 집대성한 순자荀子 / 131
13. 유가사상과 묵가사상은 무엇이 다를까 / 145
14. 유가사상과 도가사상은 어떻게 다를까 / 155
14. 법가에서 말하는 형명刑名과 법술法術 / 167
16. 대일통大一統사상의 유래와 의미 / 177
17. 유학을 신학화神學化한 한대漢代철학 / 185
18. 위진현학魏晉玄學에서의 명교名敎와 자연自然의 관계 / 195

19. 불교의 중국전래 후 중국철학에 끼친 영향 / 209
20. 선종禪宗의 사상적 특징은 무엇인가 / 217
21. 당대唐代철학: 한유韓愈와 이고李翶의 사상 / 227
22. 성리학性理學에서 말하는 이기理氣란 무엇인가 / 237
23. 주돈이周敦頤와 소옹邵雍의 철학적 입장 / 247
24. 장재張載의 철학과 정호程顥·정이程頤의 철학 / 257
25. 이학理學을 집대성한 주희朱熹 / 271
26. 이학理學의 인식론: 격물궁리格物窮理·격물치지格物致知 / 281
27. 진량陳亮과 주희朱熹의 왕패王覇·의리義利에 관한 논쟁 / 293
28. 심학心學이란 사상이 말하려는 것은 무엇인가 / 301
29. 육구연陸九淵의 심학心學이 이학理學과 다른 점 / 311
30. 왕수인王守仁이 지행합일知行合一을 주장한 까닭 / 319
31. 송명宋明 이학가理學家들은 "이일분수리一分殊"설을 어떻게 이해하였을까 / 329
32. 송명宋明 이학가理學家들의 이욕理欲에 관한 논쟁은 무엇인가 / 341
33. 중국고대철학을 총결한 왕부지王夫之 / 353
34. 명明·청淸 교체기에 등장한 "경세치용經世致用"은 무엇인가 / 365
35. 청대淸代철학: 대진戴震의 사상 / 375
36. 근대중국의 사유세계는 어떠하였을까 / 387
37. 중국철학은 유럽근대계몽운동에 무슨 영향을 주었나 / 399

찾아보기 / 407

중국사상가 ❶ 周公

- **중국사상가 ①**

  주공(周公): ?~?. 주대(周代)의 정치가. 본명은 단(旦). 주(周)왕조를 세운 문왕(文王)의 아들이며 무왕(武王)의 동생이다. 후세 유학자들에 의해 성인(聖人)으로 존숭되었다.

중국철학은 어떤 단계로
발전해 나갔을까

알아 볼 내용

· 중국의 각 시대별 철학의 내용과 발전과정

1 춘추전국春秋戰國시대의 백가쟁명百家爭鳴

먼저 제자백가諸子百家가 출현하게 된 배경을 살펴보자. 서주西周시기에 형성된 봉건제는 등급이 분명히 정해져 있는 귀족이 통치하던 제도이다. 위로는 천자天子가 정점을 이루고 그 아래 제후諸侯·경卿·대부大夫·사士에 이르는 피라미드 형태로 이루어졌다. 이러한 사회는 매우 튼튼한 안정성을 지니고 있었기에 고대 역사상 오랜 동안 정치적 모델이자 사회적 이상理想으로 받아들여졌다. 그러나 춘추전국시대에 이르러 철기구가 발명되고 우경牛耕기술이 등장하게 되자 생산력은 크게 향상되었다. 이로써 더욱 많은 황무지를 개간할 수 있게 되고 이로부터 토지의 사유화 및 매매가 이루어지자, 결과적으로 정전제井田制가 무너지게 되었다. 이 같은 경제상황의 변동 아래 귀족통치의 등급제도가 약화되는 한편, 신흥지주계급이 출현하여 정치개혁을 도모하였다. 몰락한 귀족들은 자신의 계급과 집단을 위한 정치적 활동을 하거나 혹은 직업적 교사가 되어 이론과 학설을 펼치게 되는데, 대략 이들이 바로 제자백가諸子百家인 것이다.

이 제자백가들은 다양하고 풍부한 학설을 쏟아냈다. 이 제자백가 중 가장 대표적 계층이 "사士"였는데, 이들은 사회적 대변동의 소용돌이 속에 귀족으로부터 하층으로 분화되어 나온 지식인계층이었다. 이들은 각종 전문지식을 갖춘 특수계층으로서 책을 저술하고 학설을 세워, 자기의 사상으로써 군주를 설복하여 정치를 할 수 있는 기회를 얻으려고 노력하였다. 이들은 대부분 어떤 한 사회계급이나 사상적 입장을 대표하는 부류였다. 그들 중 뛰어난 사상과 독특한 이론으로써 추종자를 거느리게 된 사상적 집단도 생겨났다. 유가儒家니 도가道家니 명가名家니 법가法家니 하는 학파學派 혹은 정파政派가 바로 그들이다. 이에 춘추전국시대는 각종 이론들이 자유롭게 펼쳐지는 백가쟁명百家爭鳴의 시대가 되었던 것이다.

2 분서갱유焚書坑儒와 독존유술獨尊儒術

분서갱유焚書坑儒는 진시황秦始皇의 유가儒家 탄압을 보여주는 역사적 사건이다. 분서갱유는 분서焚書와 갱유坑儒 두 사건을 가리킨다. 진나라

시황제는 법가法家의 주장을 받아들여 유가儒家의 이상인 봉건제封建制를 폐지하고 군현제郡縣制를 실시하게 된다. 이러한 상황에서 유학자儒學者들의 세력을 약화시키려는 목적으로 전국의 농업과 의술醫術, 점복占卜에 관한 서적을 제외한 유가儒家의 모든 서적을 모두 불태워 없앨 것을 명했다. 분서는 유학자들의 정부에 대한 반감을 더욱 고조시키는 결과를 가져왔고, 이에 격분한 진시황은 결국 유학자들을 생매장하게 된 것이다.

"백가를 내치고 유학의 도道만을 홀로 높인 것[罷黜百家, 獨尊儒術]"은 한무제漢武帝의 전제주의專制主義 문화정책이었다. 정치적, 사상적으로 왕권통치를 강화하려던 한무제는 한대漢代의 통치사상으로 유가사상을 택한다. 유가사상은 진秦 이후 새로 건립된 통일왕조를 튼튼히 하고 안정시켜서 사회가 더욱 강성하게 되는 기초를 다지게 하였다.

그런데 여기 파출백가罷黜百家의 실행에는 동중서董仲舒의 공이 크다. 한무제가 나라를 다스리는 도를 묻는 책문策問을 동중서에게 내렸을 때, 그는 『춘추春秋』의 대일통大一統 사상의 논점에 따라 사상의 통일을 주장하였으며, 궁극적으로 공자의 가르침에 들어있지 않은 것은 모두 그 도를 끊어버려야 한다는 대책을 제출하였다. 동중서의 대책은 무제武帝가 이미 실행하고 있던 "파출백가, 독존유술" 정책을 거듭 지지하고 재차 그 중요성을 강조한 것이다. 나아가 통치 질서를 유지하는 데 있어서 유가사상의 이론적 중요성을 한걸음 더 나아가 천명한 것으로 볼 수 있다.

3 황로지학黃老之學과 도교道敎

서한西漢시기에 이르러 황로지학黃老之學이 등장하게 된다. 황제黃帝는 전설상 중국의 시조이다. 전국戰國시대에 "황제黃帝"라는 이름을 사용한 학파가 대거 출현하였는데, 그중 도가학파는 황제의 학설 중에서 도법道法을 숭상하는 사상을 흡수하여 새로운 학설을 형성했고 황제를 그 학파의 창시자로 끌어올렸다. 이에 도가학파는 황제와 노자를 대표로 하는 새로운 학파, 즉 황로지학黃老之學으로 변하였다. 서한 초기에 이 황로지학은 시대적 요청에 따라 통치계급에게 정치적 지침을 제공하게 된다. 즉 극단적 법치왕조였던 진秦이 멸망한 역사적 교훈을 빌려, 정치와 경제에 대해 "무위無爲"정치를 실시케 한 이론적 근거가 된 것이다.

한편 한말漢末에 이르러 도교道敎가 태동하게 되었다. 도교는 고대의 무술巫術과 전국戰國·진한秦漢의 신선방술神仙方術이 어우러져 발전한 것으로, 동한東漢 시기에 발생하였다. 도교는 『태평경太平經』을 중심으로 하여 노자의 도道와 덕德을 근본신앙으로 삼았다. 후한後漢 시대에 본격적으로 도교가 형성되었는데, 오두미도五斗米道[正一道]와 태평도太平道는 도가 및 그 변형인 황로사상과 민간의 무속巫俗·신선神仙사상·음양陰陽·유儒·불佛·묵가墨家 등의 학설과 융합하여 생겨났다. 도교가 이상으로 삼은 것은 신선이 됨으로써 인간세상의 영원한 즐거움[장수와 부귀]을 누리는 것이었다. 신선술神仙術이나 방술方術 등은 바로 이를 위해 도교가 중요시한 것들이다.

4 불교와 현학玄學

불교가 중국에 언제 최초로 전래되었는지는 확실하지 않으나, 일반적으로 한漢 명제明帝 때에 전래된 것으로 알려진다. 불교는 전래된 이후 중국에서 아직 독자적인 생존조건을 가지고 있지 못했기 때문에, 우선 본토의 주류문화에 기대어 생존할 수밖에 없었다. 처음엔 한대漢代에 유행한 도술道術에 의존하여 유포되었다. 그렇기에 한대漢代에는 불교와 도교가 거의 같은 것으로 인식되어 함께 신봉되었다. 위진魏晉시대 이후 현학玄學으로 불교를 해석하는 방법에 힘 입어 불교의 영향이 점차 확대되었으며, 남북조南北朝시기에 이르러선 마침내 불교가 중국 내에서 일정한 지위를 갖게 되었다.

위진魏晉시기에 시대의 사조思潮가 된 현학玄學은, 동한東漢 말 사회 기풍이 무너지고 정치가 부패하자 윤리사상이었던 유가를 새로이 해석하고자 하는 상황에서 발생한 풍조이다. 『노자老子』・『장자莊子』・『주역周易』을 새롭게 해석함으로써 유가와 도가사상을 함께 꿰뚫는 철학체계를 말하는 것이다. 당시 현학은 노장老莊사상과 연관된 청담淸談을 위주로 하였다. 청담이란 순수하고 비정치적인 논리로써 고상한 정신과 풍부한 사변思辨을 담은 언어를 가리킨다. 현학자들은 유有와 무無・본본과 말末・자연自然・내성외왕內聖外王・왕도패도王道覇道 등에 대한 문제를 무위자연無爲自然의 관점으로써 설명하였다. 이 무위자연의 관점은 유가와 도가를 한데 어우른 것이며, 때론 여기에 불교적인 내용이 섞이기도 하였다.

수당隋唐시기에는 불교·도교·유가사상이 병립하게 된다. 이 시기에 국가가 통일됨으로써 안정된 국면에 이르게 되자, 불교는 더 없는 발전을 이루게 되었다. 이러한 발전을 통해 불교는 완전히 독립된 하나의 사상이자 종교가 되었다. 이는 불교의 중국화中國化가 완성되었음을 의미한다. 천태天台·화엄華嚴·정토淨土·선종禪宗 등은 독립적이면서도 한편으론 중국의 전통사상 및 유가사상과의 융합에 힘쓰며 중국 내에 확고히 자리를 잡았다. 불교는 다방면에 걸쳐 중국의 내면 깊숙이 스며들었으며, 민간의 생활 속에도 깊이 파고들었다. 수당시기 이후 유·불·도가는 정립鼎立되었다. 삼가三家는 각기 정통임을 표방하면서도 서로에게 영향을 주고 받는 관계를 유지했다.

5 불교·유가·도교의 삼교三敎 합일

불교·유가·도교의 삼교합일三敎合一은 상호반발과 융화의 결과이다. 한대漢代에 외래사유로서의 불교사상이 광범위하게 유행하게 되었고, 위진시대에는 현학풍조가 불교와 합류하였다. 이후 남북조·수당의 불교가 도교·유가사상과 병립하게 되었다. 불교에 대한 유가사상과 도교의 반발은 매우 거세었지만, 서로 격렬하게 충돌하는 한편에서는 상호융화와 교류가 이루어지기도 하였다. 이러한 과정을 겪으면서 수당 이후 유·불·도가는 삼교합일의 형태를 갖추게 되었다. 수당시기의 주류였던 불교는 유가를 끌어들여 중국문화에 적응할 수 있는 방도를 취했고, 유가 역시 불교의 방법론을 채용함으로써 송명宋明시대 걸출한 학술사상인 이학理學이 출현하게 되었다. 결국 삼교三敎합일이 송명이학宋明理學의 출현을 이끈 셈이다.

오직 이理만이 자연계의 본질이며 절대적인 존재라고 보는 송명시대 이학理學은, 유·불·도 삼교를 하나로 귀착시키는 특징을 가진다. 이학은 전통 유가의 윤리사상을 핵심으로 삼고, 불교와 도교의 이론적 성분을 흡수·보충한 것이다. 송명이학은 불교가 진정으로 중국 전통문화와 결합되는 길을 마련해주었다. 이학은 북송北宋 초기에 처음 성립되었는데 정호程顥·정이程頤·주돈이周敦頤·장재張載·소옹邵雍을 거치면서 이론적으로 심화되고 철학적인 체제를 갖추게 되었으며, 남송시기 주희朱熹에 의해 집대성됨으로써 성리학性理學 혹은 주자학朱子學으로 불리게 되었다.

6 유교儒敎의 등장

원元·명明·청대淸代를 거치면서 유가는 서서히 유교儒敎로 변모하게 된다. 이는 철학적 원리와 이에 근거한 도덕규범의 원칙으로서의 유가가 통치이데올로기이자 우상偶像으로 변질되었다는 것을 의미한다. 이학理學에서는 이理가 자연계의 최고 원칙일 뿐만 아니라 인류사회의 최고 원칙이라고 생각한다. 그러나 다른 한편 이理는 봉건적인 등급제도 및 그것과 호응하는 봉건적 윤리강상倫理綱常의 총칭이기도 하다. 따라서 봉건제도와 종법적宗法的 윤리강상을 위배하는 것은 천리天理를 위배하는 것과 마찬가지이므로 그 누구에게도 허락되지 않는다. 이학가理學家는 봉건제도 및 종법적 윤리강상을 우주의 본체와 연결하였고, 본체론本體論의 입장에서 봉건제도와 종법제도의 합리성과 신성함을 논증하였다. 유가의 논리와 사상적 내용은 통치자에게나 이학가들에게나 모두에게 중요한 수단이었다. 통치자는 유가의 논리를 빌어 그들의 권력을 보존할 수 있었고, 이학가들은 유가지식의 독점으로 말미암아 상류사회의 지위를 확보할 수 있었기 때문이다. 따라서 상호간의 이해가 맞아떨어졌기에 그들 양자는 유가사상이 어용철학으로 변질되는데 동조하고 협력하였다. 이로써 최초의 고귀했던 유가적 이상理想은 실종되어 버렸다.

7 전통문화와 서양문화

중국철학은 근대 이후 서양철학이 유입됨에 따라 새로운 국면으로 접어든다. 아편전쟁을 전후로 근대 중국은 서구열강에 의해 짓밟히기 시작한다. 이에 서양의 선진 기술을 배우고 근대적 공업을 일으켜 세움으로써 외래의 침략에 저항하여야 한다는 주장이 제기되었다. 이후 계속해서 자신의 전통을 다시 한 번 되돌아보며 반성하는 한편, 나라와 백성을 구하는

데 어떠한 이론을 적용해야 할 것인가에 대하여 격렬한 논의가 있었다. 전통에 대한 반성과 서구문명에 대한 관심에 의해 서양의 종교이론·진화론進化論·천부인권론天賦人權論 등등이 전해졌으며, 민주주의 이론과 마르크스주의의 수입은 중국이 새로운 사회체제로 전환하는데 사상적 기반을 마련해주었다.

전통문화와 서양문화는 한편으론 대립하면서 다른 한편 결합하기도 하였다. 아편전쟁 이후로 전통문화와 서양문화의 관계는 소위 "중서中西"의 문제가 되었는데, 서양문화에 대해서는 도입과 거부의 주장이 끊이지 않았다. 이후 태평천국혁명太平天國革命은 서양의 종교형식을 빌었고, 양무운동洋務運動과 무술변법戊戌變法의 시기에도 서양의 이론을 적극적으로 배우자는 주장이 대두하였다. 서양문화와 이론의 도입주장에 대해서는 많은 반발이 있기도 하였으나, "중서中西"에 대한 논쟁은 더욱 가열되어 여러 이론들이 등장하였다. "중체서용中體西用"의 이론은 전통문화를 옹호하면서도 과거 중국의 한계를 타파하고자 한 것으로, 중국철학의 근대화에 물꼬를 텄다.

8 마르크스주의의 대두

5·4운동은 과학과 민주라는 구호를 내세운 사상해방운동이었는데, 중국인들에게 서양을 배우고 서양으로부터 진리를 구할 것을 고취하였다.

한편 이 시기에 마르크스주의가 유입되어 중국의 사상계는 매우 첨예하고 복잡한 대립의 양상이 벌어졌다. 마르크스주의와 중국혁명, 그리고 중국전통문화가 한 무대에서 역사적인 대립과 갈등, 그리고 결합의 과정을 드라마틱하게 보여주었다. 이후 마르크스주의 이론을 기반으로 한 마오쩌둥毛澤東은 반제국주의와 반봉건주의를 내세우면서 농민들의 대중적인 지지를 획득하여 마침내 중국 공산화에 성공하게 된다.

9 실용주의 대두

명나라 말기 송명이학宋明理學의 부패상이 드러나게 되자, 학자들은 청담淸談·허무虛無한 학풍에 대해 비판하면서 일제히 "경세치용經世致用"의 실학實學을 주장한 바 있다. 이들이 주장하였던 경세치용의 학문은 사회현실에 관심을 두고 천하·국가·민생의 어려움을 구제하는 것을 골자로 하는 것이다. 몸소 체험을 중시하였으며, 철저하게 공리주의功利主義의 색채를 띠었고, 사회현실에 대해 강한 책임감을 가지고 있었다. 이러한 경세치용의 실용주의 정신은 덩샤오핑鄧小平시대의 "중국식 사회주의"가 자리 잡는데 영향을 미쳤다.

10 유학사상에 대한 재조명

이제 현대중국은 한편으로는 마르크스주의의 퇴조에 따른 주류이데올로기의 공백을 메우고, 다른 한편으로는 급격하게 팽창하는 자본주의의 폐단을 치유해줄 사상을 필요로 하고 있다. 현대중국이 그 가치를 새롭게 인식하여 받아들인 실용주의도 경제적 성장에만 유용할 뿐 정신문명의 문제점을 치유해 줄 수는 없다는 점도 자명해졌다. 근래의 중국 학계는 정치권의 대대적인 성원에 힘입어 유학儒學에 대한 재조명 노력이 활발하다. 한때 부패와 타락과 봉건성과 위선의 상징으로 내몰았던 유학을, 이제는 온고지신溫故知新의 새로운 눈으로 바라보고 있다. 과거의 못난 모습은 버리고 현재와 미래에도 여전히 유용할 보편적 가치를 찾아냄으로써, 현대중국의 모순과 문제점을 치유하고 나아가 갑자기 허물어져 버린 주류이데올로기로서의 마르크스주의의 사상적 공백을 메우려 하는 것이다.

하지만 현대중국의 사유세계는 여전히 복잡하다. 마르크스주의는 비록 인민의 뇌리에서는 사라졌지만 여전히 중국공산당의 강령으로 남아있다. 또 자본주의의 길을 바삐 내닫는 "실용적인" 인민들이, 아직은 유학의 도덕적 가치들에 눈을 돌릴 만큼 한가하지 않은 듯하다. 그렇지만, 굳이 관제官製 선전이 없더라도 마음 한 쪽에는 여전히 유가적 사유가 잠재되어 있다. 다만 지금은 갈 길이 너무 바빠 표현하지 못할 뿐이다. 많은 이들이 공감하듯이, 현대중국의 사유세계는 마르크스주의와 실용주의 및 유가사유가 혼재되어 있다고 하겠다.

> **알게 된 내용**
> - 중국철학은 각 시대의 정치적·사회적 변화에 따라 다르게 전개되었다.
> - 외부에서 유입된 사조는 중국의 특색에 맞게 변모함으로써 토착화되었다.

풀어보기

● 정전제井田制

정전제는 본래 중국 하夏・은殷・주周 삼대三代의 토지제도로서, 토지의 한 구역을 "정井"자로 9등분하여 8호의 농가가 각각 한 구역씩 경작하고, 가운데 있는 한 구역은 8호가 공동으로 경작하여 그 수확물을 국가에 조세로 바치는 토지제도이다.

● 오두미도五斗米道

중국 후한後漢시대에 장도릉張道陵이 『도덕경道德經』과 『노자상이주老子想爾注』를 기본경전으로 삼고 노자老子를 교주로 삼아 창시한 민간종교로서, 태평도太平道와 함께 도교道敎의 원류이다. 장생長生의 도를 닦고 가르침을 얻은 사람에게 오두미를 내게 하였으며, 모든 질병은 죄과罪過 때문이라고 여겼다.

● 태평도太平道

중국에서 후한後漢 말기에 생겨난 최초의 도교적道敎的 교단敎團으로, 『태평경太平經』을 경전으로 삼아 장각張角이 창건하였다. 병의 치유와 함께 태평세太平世의 도래를 교법敎法의 중심으로 하였다. 신자들은 황색의 천을 표지로 삼았기에 이들을 황건적黃巾賊이라고도 부른다.

● 태평천국혁명太平天國革命

　청대 아편전쟁 이후 홍수전洪秀全이 프로테스탄트교 입문서를 읽고 "배상제회拜上帝會"라는 종교 결사를 창립하여, 인간에게 평화롭고 평등한 지상천국인 태평천국을 세우려고 시도하였다. 모든 신도는 신 앞에 평등한 존재임을 내세워 농민봉기를 조직함으로써 오랜 봉건전제주의를 비판한 획기적인 사건이었다.

● 양무운동洋務運動

　청국淸國 정부가 서유럽으로부터 근대기술을 도입하여 자신의 봉건체제를 유지하고 보강하려 했던 자강自强운동이다. 당시 아편전쟁과 태평천국운동으로 인해 봉건적 지배체제가 위기에 빠지게 되자, 쩡궈판曾國藩·리훙장李鴻章·줘중탕左宗棠 등이 무기를 수입·제조함으로써 군사공업을 일으켰다. 군사적 근대화에만 치중하였기 때문에 사회·정치적 근대화는 등한시되었으나, 이 운동은 궁극적으로 자본주의 발달의 싹이 되었다.

● 무술변법戊戌變法

　청말淸末 캉여우웨이康有爲·량치차오梁啓超 등이 중심이 되어 진행한 개혁운동으로 변법자강운동이라고도 한다. 서양의 무기와 기술만을 도입하려는 양무운동洋務運動의 한계를 깨닫고, 전통적인 정치체제와 교육제도의 개혁을 통해 부국강병을 실현해야만 중국이 근대세계 속에서 살아남을 수 있음을 주장하였다.

중국사상가 ❷ 管仲

• 중국사상가 ②

관중(管仲): ?~BC 645. 춘추(春秋)시대 제(齊)나라의 사상가·정치가. 정치의 요체(要諦)는 백성을 부유하게 하는 일이라고 하였다. 저서로『관자(管子)』가 있다.

중국철학의 네 가지 특징

―――――― 알아 볼 내용 ――――――

• 중국철학의 특징

1 천인합일天人合一

　　중국철학에서 천天은 자연사물이 존재하게 되는 원리이자 종교적 근원이며 도덕적으로 최고의 이상을 의미한다. 유학에서 말하는 하늘의 섭리이자 최선의 도덕으로서의 천도天道는 인간을 통해 이해되고 실현되는 존재로 규정된다. 천도天道란 하늘이 인간사회를 포함한 우주의 운행을 조절·변화시키는 원리를 가리키며, 인도人道란 인간의 본성에 갖추어진 도리를 말한다. 유학儒學에서는 하늘의 근본적인 덕성德性이 인간의 심성 속에 내재되어 있다고 하여 인간도덕의 근원을 하늘에 두고 있다. 따라서 인간과 우주의 도덕적 근본을 동일시하는 관점이 바로 "천인합일天人合一"이며, 이것은 유학의 최고목표이다. 이 사유구조는 인간과 자연을 별

개의 것으로 보지 않는 것으로, 인간의 도덕활동은 우주자연법칙의 근원적이고 당위적인 표현이라고 여긴다. 유학에서 말하는 천인합일은 결국 도덕적 의지와 실천을 통해 주체와 객체, 인간과 자연의 조화를 지향하는 것이다.

2 중용中庸과 중화中和

천인합일이란 이상이 인간과 하늘을 도덕적 의지와 실천을 매개로 연결한다는 점에서 알 수 있듯이, 유가철학은 윤리도덕을 매우 중시하였다. 이러한 사실은 유학의 "인仁"과 "중용中庸"사상에서 특히 명확하게 드러난다. 인仁은 공자사상의 핵심으로 인간과 인성人性의 존엄한 가치를 중시한 개념이다. 인仁을 행하는 것은 도덕적 자기완성을 이루는 것인데, 이를 위해서는 바로 "중용의 도道"를 실천해야만 한다. 어느 한 쪽에 치우치지도 않고 모자라거나 지나치지도 않은 것을 "중中"이라고 하고 그 항상 변함없는 모습을 유지하는 것을 "용庸"이라고 한다. 또한 희노애락喜怒哀樂의 감정상태가 드러나지 않은 것을 "중中"이라 하고, 그러한 감정상태가 드러나도 모두가 적절함과 적당함을 보이는 것을 "화和"라 한다. 유학에서 말하는 이러한 중용과 중화의 정신은 단순한 도덕적 범주를 넘어서는 우주의 보편법칙인 것이다.

3 단계적 발전의 윤리학

　공자孔子의 가르침을 근본으로 삼는 유학은 철저하게 인간중심적인 사상이다. 유학은 인仁을 사상의 핵심으로 삼으며, 개인보다는 집단을 더 중시했으므로 바람직한 사회관계를 위해 개개인의 능동적인 참여의식을 강조하였다. 바람직한 사회관계를 위해 각종 사회질서규범이 필요하게 되었고, 이러한 규범의 올바른 실천을 위해 학문과 교육이 강조된 것이다. 유가철학은 도덕적으로 무장된 개인, 즉 도덕화道德化 된 개인을 양성하는 것이 1차 목표이다. 하지만 이는 궁극적으로 도덕화 된 사회와 세계의 건설을 위한 전제일 뿐이다. 전자前者는 수신修身의 과정이자 유가적 성취의 전반단계인 소성小成단계이고, 후자後者는 제가齊家에서 치국治國을 거쳐 평천하平天下에 이르는 후반단계로서 대성大成단계라 할 수 있다. 유가 경전 중 가장 기본이 되는『대학大學』에는 "인간되기"의 과정이 여덟 단계로 설정되어 있다. 격물格物[개개 사물의 본질을 파악하기]·치지致知[개개 사물에 대한 이해를 통해 만사만물을 꿰뚫는 보편적 근본을 이해하기]·성의誠意[세계만물에 대한 이해를 바탕으로 나의 지향을 설정하기]·정심正心[설정된 나의 심지를 닦고 조이기] 등의 네 단계는 바로 수신修身이라는 한 개인의 완성을 위한 전제조건들이다. 그런데 유가에서는 개인의 완성만을 뜻하는 소성小成으로는 만족하지 않는다. 나의 완성은 세계의 완성을 위한 일종의 조건이지 그 자체가 목표는 아니라는 것이다. 유가에서는 대성大成단계에까지 이를 것을 요구한다. 사회적으로 유가의 이상을 실현시키기 위해서는 우선 나 자신의 수양이 요구되며, 이것이 완성된 이후에야 비로소 사회적 실현이 가능해진다는 것이다. 따라서 유학에서 말하는 윤리란, 나 자신의 윤리가 가족의 윤리로, 그리고 다시 이는 사회의 윤리로 확장되는 성격의 윤리이다. 결국 유학의 윤리는 "수신修身→제가齊家→치국治國→평천하平天下"의 단계를 거쳐 실현되는 것이다. 이러한 논리는 유학의 또 하나의 중요한 명제인 "내성외왕內聖外王"이란 개념으로 정리되었다. 내면에 성인聖人의 도덕적 자질을 갖추는 것을 의미하는 내성內聖은 소성小成이고, 이러한 성인聖人의 자질로서 왕도王道의 정치를 실현하는 것을 의미하는 외왕外王은 대성大成인 것이다.

4 앎과 행동의 결합

유학은 또한 이론과 실천의 결합을 주장하였다. 격물格物과 치지致知를 거쳐 성의誠意와 정심正心의 순서로 수신修身을 하는 것은, 우선 널리 배우는 공부를 한 후에 예의禮儀로써 자신의 몸을 단속하는 학문을 강조한 것이다. 유학자儒學者가 공부하는 목적은 결국 먼저 자신의 도덕적 완성을 이룬 다음, 이를 바탕으로 사회를 위해 공헌하는 것[修己治人・內聖外王]이다. 이는 모두 배움과 실천을 동등하게 중요시한 것이니, 결국 지식과 예의를 익히는 것과 이를 대외적으로 실천하는 것의 양자 중 어느 것을 먼저 하고 어느 것을 나중에 할 것인지 혹은 병행해야 하는 것인지 아니면 순차적으로 해야 하는 것인지 등의 논란은 사실 무의미한 것이다.

> **알게 된 내용**
>
> - 천인합일天人合一과 중용中庸·중화中和 및 지행합일知行合一은 중국철학의 중요한 특징이다.

풀어보기

● **내성외왕內聖外王**

　도덕적 인간을 중시하고 인륜을 지향한 유학의 도덕의식이 정치상에서도 그대로 드러난 개념이다. 국가를 이끄는 임금은 반드시 도덕적 군자여야 한다는 것을 나타낸 말로, 자신의 몸을 닦아 성인聖人의 경지에 이른 자만이 왕의 자격을 갖는다는 뜻이다.

중국사상가 ③ 老子

- 중국사상가 ③

노자(老子): ?~?. BC 6세기경에 활동했다고 알려졌다. 성(姓)은 이(李), 이름은 이(耳), 자(字)는 백양(伯陽) 또는 담(聃). 제자백가(諸子百家) 가운데 하나인 도가(道家)의 창시자이자 『도덕경(道德經)』의 저자로 알려져 있다.

"음양陰陽・오행五行"설은 어떻게 이루어 졌나

알아 볼 내용

- 중국 고대의 음양陰陽・오행五行 개념
- 음양陰陽・오행五行 개념의 변천 과정
---

1 음양陰陽 관념의 형성과 발전

① 음양의 의미

음양陰陽관념의 기원은 매우 오래되었다. 처음에 이 개념들은 해가 비추는 것과 비추지 않는 자연의 현상을 가리켰다. 최초에 양陽은 햇볕이 드는 것・낮・해를 향하는 것 등을 의미하였고, 음陰은 햇볕이 들지 않는 것・밤・해를 등지는 것 등을 의미하였다. 즉 음과 양의 최초의 뜻은 철학적 의미가 없는 자연적인 개념이었다.

② 음양 개념의 최초 등장

이제 이 음양에 철학적 내용이 가미됨으로써 음양개념이 되는 과정을 보자. 서주西周 말기에 대지진이 발생하였다. 그런데 당시에 이 재난은 음양의 운행에 있어 그 질서가 바르지 못한 것 때문으로 인식되었다.

"양이 엎드려 나오지 못하고, 음이 묶여서 증발하지 못하여 지진이 발생하였다."
"陽伏而不能出, 陰迫而不能蒸, 於是有地震."『國語·周語上』

『국어國語』의 이 기록은 음양이 이제 단순한 자연현상을 넘어선 그 무언가의 의미를 가진 개념이 되었음을 보여주는 첫 사례이다. 주周 대부大夫 백양보伯陽父는 음양을 "천지의 기氣[天地之氣]"로 보고, 그들의 운동변화를 자연변화의 원인으로 여겼다. 초기의 자연적인 음양현상이 변화하여 철학적 의미로서의 음양관념이 된 것이다.

철학적인 음양관념은 자연현상을 신비적, 미신적으로 파악하던 행태와 전통적인 상제上帝 및 귀신에 대한 신념을 배제하고, 자연 자체에서 그 변화의 원인을 파악해 낼 수 있게 하였다. 이는 어느 정도의 과학적 관념이 미신적 관념을 대체하게 된 것으로 이해할 수 있다. 백양보伯陽父가 제기한 생각은 자연세계에 존재하는 보편적인 두 가지 상대 개념인 음과 양이 변화의 원동력과 질서가 됨을 말해주는 것이다. 이를 통해 고대인들의 사유 수준이 한층 향상되었음을 확인할 수 있다.

③ 춘추시기의 음양

춘추春秋시대에 이르러 음양관념은 보편화되었다. 음과 양의 두 개념은 각종 자연 현상에 대한 해석에 있어 매우 광범위하게 사용되었다. 노魯나라 희공僖公 16년, 송宋나라에 다섯 개의 돌이 떨어지고 여섯 마리의 새가 날아가는 현상이 나타난 바 있다. 그런데 이에 대한 『좌전左傳』의 기록이 다음과 같다.

    "이는 음양 관계에 의한 자연변화일 뿐, 길흉과는 상관없는 일이다."
    "是陰陽之事, 非吉凶所材也." 『左傳·僖公16年』

이 기록이 말해주는 것은 무엇일까? 바로 춘추시대의 음양에 대한 개념이, 천인감응天人感應의 색채에서 벗어나 자연의 음양과 인간의 길흉은 무관하다는 쪽으로 변화하였다는 점을 보여주는 것이다. 당시에 음양은 물질적인 "기氣"로서 단지 만물변화의 가장 보편적이고 기본적인 원인으로 받아들여졌다.

④ 도가의 음양관

선진先秦시대의 도가는 음양관념의 발전에 큰 공헌을 하였다. 노자老子

는 모든 만물이 음양의 두 측면을 포함하고 있다고 여겼다.

"만물은 음陰을 지고 양陽을 품는다."
"萬物負陰而抱陽." 『老子・42章』

여기서의 음양은 기氣일뿐 아니라 만물에 내재되어 있는 보편적 속성이라는 것이다. 이후 도가의 음양관념은 더욱 발전하였다. 음양은 상호작용을 하는데, 만물은 이러한 음양의 상호작용의 과정 중에서 발생하게 된다고 생각하였다. 사람 역시 이러한 작용에 의해 생겨나는 것이라고 인식하게 되었다. 다시 말하면 음양은 일종의 구체적 물질이고, 보편적 속성이며, 만물의 사이에서 그 변화의 원인이 된다는 것이다. 이후 이 관념은 우주로까지 확장되어 사용되었다.

⑤ 『역전易傳』에서의 음양

『역전易傳』에서의 음양은 우주의 근본규율이자 최고원칙이다.

"한번 음陰하고 한 번 양陽하는 것을 도道라 한다."
"一陰一陽之謂道." 『周易・繫辭傳上』

이 기록에는 음양을 이기二氣로 간주하고, 우주에는 두 가지 상호 모순되는 힘과 속성이 있다는 인식이 담겨 있다. 여기서의 속성이란, 강한 것

・동적인 것・뜨거운 것・위에 있는 것・밖을 향하는 것・밝은 것 등의 양陽의 속성과 부드러운 것・고요한 것・차가운 것・아래 있는 것・안을 향하는 것・어두운 것 등의 음陰의 속성을 말하는 것이다.

자연계에서의 음양은 해와 달[日月]・산과 강[山川]・물과 불[水火]・하늘과 땅[天地]・추위와 더위[寒暑] 등이며, 사회에서의 음양은 귀하고 천한 것[貴賤]・지위의 높고 낮은 것[尊卑]・남자와 여자[男女]・임금과 신하[君臣]・아비와 자식[父子]・남편과 아내[夫妻]・삶과 죽음[生死]・이익과 손해[利害]・안전과 위험[安危]・다스려지는 것과 어지러운 것[治亂] 등이다. 이러한 사물과 개념에는 모두 음양관념이 자리 잡고 있다. 이처럼 『역전易傳』의 내용은 음양관념을 기반으로 천天・지地・인人을 망라한 우주의 모든 현상을 설명하고 있다.

⑥ 음양 범주 발전의 의미

음양 범주의 발전과정은 끊임없는 추상화의 과정이다. 『역전易傳』에서 확인할 수 있는 것과 같이 구체적 물질과 연관되었던 음양은 점차 추상적 속성과 기능을 갖게 되어 우주의 보편원칙이 되었다. 중국철학에 있어서 음양은 줄곧 "기氣"와 연관되어 설명되었는데, 고대의 음양은 실물로서의 개념이 아닌 보편적 원칙으로서 중국의 철학사유에 커다란 영향을 주었다.

중국사상은 서구철학과는 달리 "무엇"보다는 "어떻게"에 더 큰 관심을 가지는데, 이는 곧 실체에 대한 연구보다는 사물의 속성과 기능에 더 큰 관심을 가진 것이라고 볼 수 있다. 음양관념은 이러한 사유를 가능하게 한 도구로서 중국철학에서의 영향력이 매우 컸다.

2 오행五行설의 형성과 발전

① 오행설의 기원

오행설은 중국 고대의 매우 중요한 철학관념 가운데 하나이다. 음양관념과 동시에 발생하여 오랫동안 영향을 끼쳐 왔으며, 최근에는 한의학韓醫學 방면에서도 그 가치의 중요성을 인정하고 있다.

오행설의 기원에 관해서는 많은 학설들이 분분하다. 중국의 진징팡金景芳은 다섯 손가락으로 셈하는 인간의 행태와 연관한 오수설五數說로부터 오행설이 연유하였다고 본다. 또한 근대의 구지에깡顧頡剛은 오성五星의 운행과 연관하여 오행설이 발생하였는데, 오성을 수·화·목·금·토로 명명한 것은 전국戰國 시기 이후라고 보고 있다. 또 역시 근대의 궈모뤄郭沫若는 동·서·남·북의 사방四方과 중앙의 지리방위에 대한 관념에서 기원하였다고 주장한다.

② 오행설의 발전

오행설은 생성된 뒤 여러 변화를 거듭하였는데, 오행상잡설五行相雜說 · 오행상승설五行相勝說 · 오행상생설五行相生說 · 오행생승설五行生勝說 등이 대표적 학설이다.

오행상잡설五行相雜說은 서주西周 말기의 태사太史 사백史伯이 언급한 것이다.

"선왕先王이 흙과 금, 나무, 물, 불을 섞어 여러 만물을 만들었다."
"先王以土與金木水火雜, 以成百物."『國語·鄭語』

"여러 실물이 화합하여 만물이 생겨나는 것이니, 한 가지만 가지고는
그렇게 할 수 없다."
"和實生物, 同則不繼."『國語·鄭語』

이 기록을 보면, 성질이 다른 물질들이 결합하면 새로운 물질이 생겨나고, 성질이 같은 물질이 한 데 어울리면 새로운 물질을 만들어 내지 못한다고 인식했음을 알 수 있다. 결국 오행이 서로 어울려 섞여야 만물의 탄생과 세계의 발전이 일어남을 말하는 것이다.

오행상승설五行相勝說은 진晉의 태사太史 사묵史墨이 주장하였다.

"화火는 금金을 이긴다. 그러므로 화火인 초楚나라를 이길 수 없다."

"火勝金, 故弗克."『左傳・昭公31年』

"수水는 화火를 이기므로, 강姜씨 성姓의 나라를 칠 수 있다."
"水勝火, 伐姜則可."『左傳・哀公9年』

이 기록의 의미는, 오행 사이에는 서로를 제약하는 관계가 있다는 것이다. 오행상승설五行相勝說은 오행간의 차례를 고정시키는 주장이다.

오행상생설五行相生說은 전국戰國시대 초기에 손무孫武와 묵자墨子가 주장하였다.

"오행은 서로 이김이 없다."
"五行無相勝."『孫子兵法・虛實』

"오행은 서로 이기지 않는다."
"五行毋相勝."『墨子・經下』

이러한 견해들은 오행 간에 서로를 제약하는 관계가 있다는 오행상승설五行相勝說을 부정한 것이다.

오행생승설五行生勝說은 전국戰國시대 말기의 추연鄒衍이 주장하였는데, 오행상승설五行相勝說과 오행상생설五行相生說을 결합한 것이다. "생生"은 상호 의존하는 관계이고 "승勝"은 상호 대립하는 관계라고 보는 이 "생승生勝"이론은 대립・통일의 사상을 포함하고 있다.

> **알게 된 내용**
> - 음양개념은 초기에는 자연개념이었으나, 추상화되면서 점차 철학적 내용이 추가되었다.
> - 고대 중국에서는 오행五行의 각 원소 간 상호관계를 만물생성의 근원으로 이해하였다.

풀어보기

● 천인감응 天人感應

하늘과 사람은 서로 감응하는 관계가 있다는 뜻으로, 한漢의 동중서董仲舒가 내세운 이론이다. 동중서는 자연 현상을 비롯한 우주 만물이 궁극적으로 하나의 기氣에 근원하므로 음양오행으로 이루어진 모든 세계가 역시 사람에게도 적용되어 인간의 길흉화복은 자연의 음양오행과 관계되어 나타난다고 하였다.

●『역전易傳』

주역의 십익十翼을 말한다. "십익"이란 경문經文을 돕는다는 뜻으로 경문의 해석을 말한다. 단전彖傳 상·하 2편(1괘의 종합적 해설), 상전象傳 상·하 2편(64괘의 해설), 계사전繫辭傳 상·하 2편(종합적인 철학적 해석, 십익十翼의 핵심사상), 문언전文言傳(건곤乾坤 2괘의 윤리적 해석), 설괘전說卦傳(괘의 능력과 형상 등의 개괄적 설명), 서괘전序卦傳(64괘 배열순서의 설명), 잡가전雜家傳(서로 대립하는 괘의 설명)의 7종 10편으로 이루어져 있다.

중국사상가 ❹

孔子

- **중국사상가 ④**

  공자(孔子): BC 552~BC 479. 춘추(春秋)시대 교육자·철학자·정치사상가. 서주
  (西周)시대의 문물과 제도를 계승하고 이에 인학(仁學)을 더해 유가학파를
  완성하였다.

중용中庸과 인仁을 강조한 공자사상

알아 볼 내용
- 중용中庸의 의미
- 공자사상에서 인仁의 의미와 역할

1 중용의 의미

① 공자이전의 "중中"의 의미

"중中"의 개념은 공자 이전부터 이미 존재했었다. 형벌을 집행함에 있어서 편중되지 않는다는 "형지중刑之中"이나, 지나치거나 모자람이 없다는 "재중在中", 그리고 표준에 맞는 것을 말하는 "중정中正" 등의 개념에서의 "중中"이 바로 그것이다. 이러한 예에서의 중中은 대체로 평형·적당·표준 등의 의미를 갖는데, 이는 선진先秦시대의 보편적인 관념이었다.

② 공자의 중용에 대한 해석

공자孔子의 중용사상은 애초의 "중中"의 관념과 다르게 변화하였다. 공자는 중용을 지고무상至高無上한 도덕준칙이라 여겼는데, 이러한 중용관은 처음부터 끝까지 공자의 사상을 꿰뚫고 있는 관념이다.

"지나친 것은 모자라는 것과 마찬가지다."
"過猶不及."『論語·先進』

"대립되는 두 끝을 잘 헤아려 그 적절함으로 백성을 위한다."
"執其兩端, 用其中於民."『中庸』

"중립하여 치우치지 않는다."
"中立而不倚."『中庸』

중용에 대한 이러한 공자의 견해는 그 이전의 중용관을 계승함과 동시에 다시 도덕적 가치를 가미한 것인데, 이로부터 중용은 공자이후 완전히 도덕적 개념으로 변화하였다.

③ 주희朱熹의 중용에 대한 이해

주희는 중용에 대해 다음과 같은 견해를 가졌다.

"중中은 편벽되지 않고 치우치지 않으며 지나치지도 모자라지도 않는 것이요, 용庸은 평상함이다."
"中者, 不偏不倚, 無過不及之名. 庸者, 平常也."『四書集註・中庸章句』

"지나침은 중中을 잃는 것이요, 미치지 못함은 이르지 못하는 것이다."
"過則失中, 不及則未至."『四書集註・中庸章句』

이러한 주희의 생각은 공자의 중용사상의 본뜻을 그대로 드러내고 있다.

2 중용의 특색

① 시간과 조건에 따라 변화하는 "중中"

공자는 "중中"을 시간과 조건의 변화에 따라 달라지는 개념이라고 보았다.

"군자가 중용을 한다는 것은 군자로서 때에 맞게 행동함이다."
"君子之中庸, 君子而時中."『中庸』

따라서 그는 중용사상을 융통성 있게 적용할 것을 언급하였다.

"임금은 임금답게 통치를 하고, 신하는 신하다운 도리를 한다."
"君君, 臣臣."『論語・顔淵』

"아비는 아비답게 자애를 베풀고, 자식은 자식답게 효도를 한다."
"父父, 子子."『論語・顔淵』

"서로 모순되더라도 조화를 꾀하지 억지로 일치시키려 하지 않는다."
"和而不同."『論語・子路』

"즐거워하되 지나치지 않고, 슬퍼하나 몸을 상할 정도에까지 이르지는 않는다."
"樂而不淫, 哀而不傷."『論語・八佾』

위 글 중 첫째는 정치적인 면에서의 중용을 말한 것이고, 둘째는 인륜에서의 중용이며, 셋째는 대인관계에서의 중용이고, 넷째는 심미적인 문제에서의 중용을 각각 말한 것이다.

② "중中"의 표준으로서의 "예禮"

공자는 "중中"의 표준을 결정하는 것은 "예禮"라고 생각하였다.

"예禮가 아니면 보지 말고, 예禮가 아니면 듣지 말고, 예禮가 아니면 말하지 말고, 예禮가 아니면 행하지 말라."
"非禮勿視, 非禮勿聽, 非禮勿言, 非禮勿動."『論語・顔淵』

이 말은 과過와 불급不及의 두 개념을 적용함에 있어, 시간과 장소에 맞는 "예禮"에 따라 일을 처리해야 함을 강조한 것이다. 지나치지도 모자라지도 않는 인간의 행위를 위해서 가장 기본적으로 요구되는 것은, 예禮에 부합하도록 끊임없이 노력하는 일이다. 이를 통해 인간은 자신의 행위를 도덕적 표준에 부합시킬 수 있기 때문이다.

3 인仁의 의미

① 애인愛人

> "번지樊遲가 인仁에 대해 묻자, 공자는 '사람을 사랑하는 것'이라 하였다."
> "樊遲問仁. 子曰, 愛人."『論語·顔淵』

 이 글에서 확인할 수 있는 것은, 공자가 말한 인仁의 본질은 사람을 사랑하는 마음가짐에서 나온다는 것이다. 여기서 나로부터 시작하여 남에 이르는 것이 "인仁"의 기본 정신임을 알 수 있다.

② 여러 가지 착한 품덕品德을 포괄

또한 "인仁"은 다음과 같은 여러 가지 선한 품덕을 내포하고 있다.

"자장子張이 공자에게 인仁을 묻자, 공자는 말하였다. '능히 다섯 가지를 천하天下에 행할 수 있으면 인仁이 된다.' 그러자 자장子張이 그 내용을 가르쳐 주길 청하니, 다시 말하였다. '공손함[恭]·너그러움[寬]·믿음[信]·민첩함[敏]·은혜로움[惠]이다. 공손하면 업신여김을 받지 않고, 너그러우면 여러 사람들을 얻게 되고, 믿음이 있으면 남들이 의지하게 되고, 민첩하면 공이 있게 되고, 은혜로우면 충분히 남들을 부릴 수 있게 된다.'"

"子張問仁於孔子. 孔子曰, 能行五子於天下, 爲仁矣. 請問之. 曰恭寬信敏惠, 恭則不侮, 寬則得衆, 信則人任焉, 敏則有功, 惠則足以使人."『論語·陽貨』

③ 용기

또한 "인仁"은 "용勇"의 개념도 포함하고 있다.

"인자仁慈한 사람은 반드시 용기가 있다."
"仁者必有勇."『論語·憲問』

④ 효제孝悌

공자는 "인仁"의 근본은 "효孝"와 "제悌"라는 두 가지 덕목으로 요약된다고 하였다.

"효孝와 제悌라는 것은 인仁을 행하는 근본이다."
"孝弟也者, 其爲仁之本與."『論語・學而』

효孝는 부모를 섬기는 도리이고, 제悌는 형제 사이의 도리이다. 다시 말하면 효는 어버이를 받들어 자식의 도리를 다하는 것인데 이것이 확충됨으로 인하여 "인仁"의 마음이 드러난다. 인仁의 마음은 먼저 효제孝悌로부터 나타나고, 가정에서 이루어진 것이 밖으로 나아가 멀리는 사물에까지 미치게 되는 것이다. 따라서 효제孝悌는 사람을 사랑하는 것인 인仁의 덕목을 실천하기 위한 가장 기본적인 순서인 것이다.

4 인仁의 특징

① 수양의 최고 목표

인仁이란 유학사상의 최고 덕목이다. 인仁은 철저히 인간을 중심으로 하는 덕목이며, 나아가 둘 이상의 사람이 모여 서로 조화를 이루고 사랑하며 살아간다는 인간의 사회성을 나타내는 덕목이다. 따라서 이상적인 인간상을 "인자仁者"라고 표현할 때, 이는 먼저 개인적인 수양을 이룬 다음 이를 바탕으로 사회적으로 실천해 가는 사람을 의미하는 것이다. 인仁은 인간 사회에서의 도덕적 이상 구현을 위해 개인 스스로 닦아야 할 수양의 최고 목표이다.

② 충忠과 인仁의 관계

공자가 강조한 "충忠"은 자기 자신의 내면을 수양하는 것이다. 그런데 이러한 충忠은 인仁과 밀접하게 연결되어 있다. 이러한 내용은 안연顔淵의 질문에 답하는 내용에 잘 나타나 있다.

"자기를 극복하고 예禮로 돌아가는 것이 인仁이다."
"克己復禮爲仁."『論語·顔淵』

"인仁을 실천하는 것은 자기로부터 시작된다."
"爲仁由己."『論語·顔淵』

"예禮가 아니면 보지 말고, 예禮가 아니면 듣지 말고, 예禮가 아니면 말하지 말고, 예禮가 아니면 행하지 말라."
"非禮勿視, 非禮勿聽, 非禮勿言, 非禮勿動."『論語·顔淵』

또한 공자가 말하는 충忠은 인간의 자아 확립 및 이를 통한 사회적 평화의 실현을 위한 것인데, 이는 결국 "중中"을 뜻한다. 인간은 날 때부터 순수한 마음을 지니고 태어나므로 자신에 대한 충실을 통해 자아를 확립함으로써 자기 본성을 깨닫고, 다시 이것을 남들에게까지 미칠 수 있도록 하는 것이다.

③ 서恕와 인仁의 관계

"서恕"란 내 마음과 같이 한다는 뜻이다.

"자기가 원하지 않는 일을 남에게 베풀지 말아야 한다."
"己所不欲, 勿施於人."『論語·顔淵』

이 글은 "나를 미루어 남에게로 미치는 것[推己及人]"을 말하고 있다. 서恕는 인仁을 바탕으로 하여 인간적 사랑을 남에게까지 적용시키는 것으로, 사회윤리규범의 확립에까지 영향을 미치게 된다.

5 인仁에 이르는 방법

"인자仁者는 자신이 서고자 하면 남도 서게 하며, 자신이 통달하고자
하면 남도 통달하게 한다."
"夫仁者, 己欲立而立人, 己欲達而達人."『論語·雍也』

공자의 인仁 사상은 인간에 관한 사상이다. 이것은 단순한 지식뿐이 아닌 실천까지도 중시하는 것으로, 개인의 수양을 통해 타고난 본성을 잘 발휘하고 이것을 남에게로 실천하는 것까지를 강조한다. 인仁을 실천하기 위해서는 "추기급인推己及人"해야 하는데, 이것은 "자신의 수양[修己]"으

로 말미암아 "남을 사랑함[愛人]"에 이르는 것을 말한다. 여기에는 충忠과 서恕의 두 관념이 함께 내재되어 있으니, 충忠로부터 시작하여 서恕로 확장할 것을 뜻하는 것이다.

알게 된 내용
- 시간과 조건에 따라 가변적인 것이 중中이며, 중中을 위해서는 적절한 예禮가 요구된다.
- 공자의 중심사상인 인仁은 수양의 최고 목표이자 인간사회에서 가장 절실한 덕목이다.

풀어보기

● **추기급인推己及人**

  사람에 대한 사랑을 강조한 공자의 인仁의 실천방법으로서, "내 마음을 미루어 남에게 미친다."는 뜻이다. 이는 유학의 윤리가 "나"와 "너"의 인간관계를 중시하는 것임을 알 수 있게 한다.

중국사상가 ⑤ 墨子

- **중국사상가 ⑤**

  묵자(墨子): BC 480~BC 390. 전국(戰國)시대 초기의 사상가. 본명은 적(翟). 보편적 사랑, 즉 겸애(兼愛)를 기본이념으로 삼았다. 묵자 및 그의 후학인 묵가(墨家)의 설을 모은 『묵자(墨子)』가 전해진다.

백성이 임금보다 귀하다고 말한 맹자

알아 볼 내용
· 백성을 귀히 여기고 군주를 가벼이 여긴 맹자의 사상

1 "민귀군경民貴君輕"의 내용

백성이 임금보다 귀하다고 하는 맹자孟子의 "민귀군경民貴君輕"사상은 다음 글에 잘 나타나 있다.

"백성이 가장 귀중하고, 사직社稷은 그 다음이고, 임금은 가장 말단이다. 그렇기 때문에 밭일하는 백성들의 마음을 얻는 자가 천자天子가 되고, 천자의 신임을 얻는 자가 제후가 되며, 제후의 신임을 얻는 자는 대부가 되는 것이다."

"民爲貴, 社稷次之, 君爲輕. 是故得乎丘民而爲天子, 得乎天子爲諸侯, 得乎諸侯爲大夫."『孟子·盡心下』

여기서 보는 바와 같이 맹자사상에서의 "민民"은 일반 백성을 의미한다. 또한 "귀貴"는 비천卑賤이나 존귀尊貴의 의미가 아닌 존재가치의 중요함을 상징하고 있다. 따라서 맹자가 말한 "민귀군경民貴君輕"사상의 의미는 백성이 군주보다 중요하다는 말이며, 이는 결국 군주는 백성을 위해 존재해야 한다는 뜻이다.

2 맹자에게 있어서의 백성의 의미

유가적 사유에서 "민民"은 정치의 중심이자 인정仁政의 근본이다. 맹자는 민심의 향배向背가 국가존망의 관건이라고 여겼다. 그는 백성을 통치자의 세 가지 보배, 즉 토지·백성·정치 가운데 하나로 여겼다. 이러한 견해는 역대 국가들의 성쇠盛衰의 교훈을 통해 나온 것이다. 또한 맹자는 군주君主·제후諸侯·사직社稷 등은 바꿀 수 있는 것이나, 백성은 바꿀 수 없음을 강조하였다. 백성의 마음을 얻으면 천하를 얻을 것이라고 여겨, 임금이 천하를 얻고 잃음은 백성에게 달려 있는 것이므로 백성을 존중하고 위하는 것이 통치의 근본 목적이라고 주장하였다.

3 "민귀군경民貴君輕" 사상의 상반된 가치

맹자의 "민귀군경民貴君輕"사상에 대해서는 두 가지의 상반된 평가가 있다. 하나는 맹자가 제기한 "민귀군경民貴君輕"사상은 전적으로 통치자의 입장을 반영한 것에 불과하다는 것이다. 즉 그가 백성을 귀하게 생각한 것은 천하를 얻기 위한 수단이라 한다. 민심을 얻어야 천하를 가질 수 있다는 말에는 바로 그러한 함정이 숨어 있다고 본다. 진실로 백성이 주인이라는 의식을 가진 것이 아니라 진정한 목적인 천하를 얻기 위한 수단으로서 백성을 귀하게 여기는 것이니, 이는 결국 통치계급에게 천하쟁탈을 위한 하나의 방법론을 제공한 것에 지나지 않는다는 것이다. 따라서 이러한 주장은 통치술의 하나로 이전부터 일찍이 제기되어왔던 주장이라고 폄하한다.

그러나 다른 한편 맹자는 중국 사상사에서 가장 명확하게 "민귀民貴" 사상을 제기한 사상가라는 평가도 있다. 민심民心이 곧 천심天心이며 임금은 반드시 백성의 뜻에 따라서 자격을 갖게 되는 것이라고 한 그의 생각은, 곧 공자의 민본사상民本思想을 이어받아 이를 더욱 명확히 이론적으로 정리한 사상이라는 것이다.

4 "민귀군경民貴君輕" 사상의 영향

맹자에 의해 본격적으로 제기된 "민귀군경民貴君輕"사상은 중국사상사에 적지 않은 영향을 끼쳤다. 아래의 내용들은 바로 그러한 점을 반영하는 글들이다.

"임금은 배와 같고 백성은 물과 같다. 물은 배를 띄울 수도 있고 배를

엎을 수도 있다."
"君者, 舟也, 庶人者, 水也. 水則載舟, 水則覆舟."『荀子·王制』

"천하가 주인이고, 임금은 손님이다."
"以天下爲主, 君爲客."黃宗羲,『明夷待訪錄』

"백성은 귀하고 군주는 가볍다." · "이는 만고의 진리이다."
"民貴君輕." · "此古今之通義也."嚴復,『辟韓』

"군주란 백성을 위해 일하는 사람이다."
"君也者, 爲民辦事者也."譚嗣同,『仁學』

알게 된 내용

- 맹자의 "민귀군경民貴君輕"사상의 본질은, 민심의 향배가 국가존망의 관건임을 강조하는 것이다.

풀 어 보 기

● **사직**社稷

　국가와 백성의 복을 위해 제사하는 국토의 신神인 "사社"와 곡식의 신인 "직稷"을 함께 이르는 말이다. 전국戰國시대 이후 사社와 직稷이 하나로 합해져서 토지와 곡물을 관장하는 지신地神으로 받들어졌으며, 이로부터 천자天子가 주재하는 국가적 제사가 되었다.

중국사상가 ❻ 孟子

- 중국사상가 ⑥

  맹자(孟子): BC 371경~BC 289경. 전국(戰國)시대 유학자. 본명은 가(軻), 자(字)는 자여(子輿), 시호는 추공(鄒公). 공자의 정통유학을 계승 발전시켰고, 공자 다음의 아성(亞聖)으로 불린다. 그가 내세운 기본원칙의 핵심은 백성에 대한 통치자의 의무를 강조한 것이다.

인성人性에 관한 맹자孟子와 고자告子의 논쟁

알아 볼 내용
- 사람의 본성은 본디 선하다는 맹자의 인성론
- 사람의 본성은 원래 선하지도, 악하지도 않다는 고자의 인성론

---

1 고자告子의 "성무선무불선性無善無不善" 설

고자告子는 사람의 성품이 원래 착한 것도 아니고 악한 것도 아니라는 주장을 제기했다. 고자는 인성人性은 단지 후천적인 도덕행위가 형성되는 소재를 제공하는 역할을 할 뿐이라고 주장하였다.

> "성性은 냇버들과 같고, 의義는 그 버들로 만든 술잔과 같다. 사람의 성性으로 인仁과 의義를 행하게 하는 것은 마치 버들로 버들 그릇을 만드는 것과 같다."
> "性猶杞柳也, 義猶桮棬也. 以人性爲仁義, 猶以杞柳爲桮棬."『孟子・告子上』

> "성性은 여울물과 같다. 그것을 동쪽으로 트면 동쪽으로 흐르고, 서쪽으로 트면 서쪽으로 흐른다. 사람의 성性에 선함과 선하지 않은 것의

구분이 없는 것은 물의 흐름이 동쪽이나 서쪽으로 미리 정해지지 않은
것과 같다."
 "性猶湍水也, 決諸東方則東流, 決諸西方, 則西流. 人性之無分於善不善也, 猶
 水之無分於東西也."『孟子・告子上』

고자告子에 의하면 아직 드러나지 않은 성性은 선한 것도 아니고 선하지 않은 것도 아니다. 버들가지가 곧바로 술잔이 될 수 없어 그 사이에 가공과정이 필요하듯이, 사람의 본성으로부터 직접 선한 행위가 도출되는 것은 불가능하며 그 성性을 선한 행위와 매개할 수 있는 과정이 필요하다는 것이다. 고자告子가 버드나무가 그릇이 되고, 또 갇혀있는 물이 물꼬를 트는 방향으로 흐르는 것으로 성性을 비유한 것은, 바로 이러한 이치를 설명하려는 것이다.

2 맹자의 "성선性善"설

맹자孟子는 모든 도덕의 근원을 성性이라 생각하고, 인간의 본성은 타고날 때부터 착한 것이라고 하였다. 맹자는 고자告子의 설을 반박하면서 다음과 같이 말하였다.

"사람의 성性이 선한 것은 마치 물이 아래로 내려가는 것과 같다. 사람 가운데 선하지 않은 사람이 없고, 물 또한 아래로 내려가지 않는 물

은 없다."
"人性之善也, 猶水之就下也. 人無有不善, 水無有不下."『孟子・告子上』

물을 튀어 오르게 하거나 역류하게는 할 수 있지만, 그것은 물의 본성이 아니다. 위에서 아래로 흐르는 물의 참다운 본성처럼 선善한 것이 바로 사람의 참다운 본성이라는 것이다.

하지만 이렇게 선천적으로 선한 본성을 가졌음에도 불구하고 사람은 선하지 않은 행위를 하기도 한다. 맹자는 이것이 사람의 본성이 나쁘기 때문이 아니라 본성이 변화하여 나쁘게 되었기 때문이라고 본다. 사람은 살아가면서 여러 가지 생물적 욕구와 감성적 행위 등을 피할 수 없게 되고, 주의의 나쁜 환경에 의해서 선한 행위를 하지 못하게 되는 경우 등이 있다. 따라서 본성과는 다른 행위를 할 수도 있다고 보는 것이다. 맹자가 교육과 수양을 강조한 것은 바로 이렇게 후천적으로 변화된 본성을 원래대로 회복하기 위한 것이다.

3 맹자와 고자의 인성론의 특징

고자告子가 말하는 성性은 자연성自然性이다. 다음 글을 통해 그 인성관人性觀을 알 수 있다.

"생生의 본능을 성性이라 한다."
"生之謂性." 『孟子·告子上』

"먹고 마시는 것과 이성異性을 좋아하는 것은 성性이다."
"食色, 性也." 『孟子·告子上』

식욕食慾과 색욕色慾 등은 사람이 가진 생물적 본능으로, 생존해 나가기 위한 자연속성이라는 데서 고자告子의 인성론은 출발하고 있다. 그는 사람의 자연적 속성을 관찰함으로써 사람의 본질을 파악하였는데, 결과적으로 사람과 동물의 본성은 다를 바 없다고 보았다. 또한 사람에게는 본래부터 도덕 행위의 근원이 내재하지 않는다고 보아 사람이 선해지기 위해서는 중간과정이 필요하다고 여겼다.

반면 맹자가 초점을 맞추고 있는 사람의 본성은 주로 사회적 도덕성에 관한 것이다. 맹자는 인의仁義와 같은 인간의 도덕 행위는 선천적으로 부여받은 선한 본성으로부터 말미암는 것이라고 생각하였다. 그는 이를 어린아이가 물에 빠지는 것을 보았을 경우 이에 대처하는 사람의 행위를 예로 들어 설명한다. 어린아이가 물에 빠졌을 때 그를 구하는 것은 다른 목적이 있어서라기보다 사람들이 그 아이를 불쌍히 여겨 구한다는 것이다. 이점이 곧 인간에게는 본래 도덕적인 선함이 내재되어 있다는 사실을 증명해준다는 것이다. 맹자에 의하면 사람의 선한 본성은 네 가지의 실마리 [四端]를 통해 밖으로 드러나는데, 그것들은 곧 측은지심惻隱之心[딱하게 여겨 안타까워하는 마음] · 수오지심羞惡之心[자신의 선하지 않음을 부끄러워하고 남의 선하지 않음을 미워하는 마음]·사양지심辭讓之心[사양하고 남을 공경하는 마음]·시비지심是非之心[옳고 그름을 가리는 마음]이다. 이러한 네 가지 선한 실마리로부터 인간 본성이 가진 인의예지仁義禮智의 도덕성이 완성된 형태로 형성되어간다는 것이다.

> **알게 된 내용**
> - 맹자의 성선설의 취지는, 인간이 살아가면서 하늘로부터 부여받은 선천적 도덕성(四端)을 유지하도록 힘쓸 것을 강조한 것이다.
> - 고자의 "성무선무불선性無善無不善"설은, 사람의 본성이란 다만 교육하기 나름으로 그 어느 것으로도 될 수 있다는 점을 강조한 것이다.

풀 어 보 기

● 고자告子

　중국 전국戰國시대 제齊나라의 사상가이다. 맹자孟子와 같은 시대의 사람으로, 성은 고告이고 이름은 불해不害이다. 인성人性에 관하여 맹자와 논쟁을 벌여, "사람의 본성은 본래 선도 아니고 악도 아니며, 다만 교육하기 나름으로 그 어느 것으로도 될 수 있다."고 주장하였다. 맹자와의 논쟁은 『맹자孟子・고자상告子上』에 수록되어 있다.

● 사단四端

　측은지심惻隱之心・수오지심羞惡之心・사양지심辭讓之心・시비지심是非之心 등 인간의 본성에서 우러나오는 선천적이며 도덕적인 네 가지 마음을 말한다. 원래 사단四端은 인仁・의義・예禮・지智라는 덕목과 관련된 윤리적 범주에 사용되던 말이었다. 송대宋代에 성리학이 일어나면서부터 이 개념은 인간 심성이 드러나는 과정에서 도덕적 성격을 띠는 것을 나타내는 의미로 쓰이게 되었다.

- **중국사상가 ⑦**

  장자(莊子): BC 369~BC 289경. 전국(戰國)시대의 사상가. 제자백가(諸子百家) 중 도가(道家)의 대표자. 본명은 주(周). 저서로는 『장자(莊子)』가 있다.

맹자의 성선설性善說과 순자의 성악설性惡說

알아 볼 내용

- 맹자의 성선설性善說과 순자의 성악설性惡說
- 맹자와 순자 학설의 사회적 기능

1 인성人性과 도덕관념의 기원

① 맹자孟子의 견해

맹자孟子는 인간이 나면서부터 가지고 태어나는 모든 본능 자체를 "성性"이라 생각하진 않았다.

> "입이 맛을 아는 것과, 눈이 빛을 아는 것과, 귀가 소리를 아는 것과, 코가 냄새를 아는 것과, 사지가 편안함을 아는 것은 곧 인간의 본성이다. 그러나 여기에는 천명天命이 개재되어 있기에 사람의 하고자 하는 대로 모두 할 수 있는 것은 아니다. 그래서 군자君子는 이를 성性이라 하지 않는다. 인仁이 부자父子 사이에 베풀어지고, 의義가 군신君臣 사이에 유

지되고, 예禮가 손님과 주인 사이에 지켜지고, 지혜가 현명한 사람에게 밝혀지고, 성인聖人이 하늘의 도道를 행하는 것은 천명이라 할 수 있다. 그러나 여기에도 본성에서 우러나는 자발적인 의지가 개재되어 있다. 그래서 군자君子는 이를 단지 천명天命이라 하지 않는다."
"口之於味也, 目之於色也, 耳之於聲也, 鼻之於臭也, 四肢於安佚也, 性也, 有命焉. 君子不謂性也. 仁之於父子也, 義之於君臣也, 禮之於賓主也, 智之於賢者也, 聖人之於天道也, 命也, 有性焉. 君子不謂命也."『孟子·盡心下』

맹자가 생각한 인성人性이란 금수禽獸의 속성과는 다른 인간만의 고유한 합리적 본성이다. 그렇다면 인간만이 고유하게 갖는 이러한 도덕속성은 어떤 것일까? 맹자는 이를 인간의 본디 타고난 사단四端이라는 도덕성道德性이라고 파악한다.

"측은해 하는 마음은 사람이면 다 가지고 있다. 나의 불선不善함을 부끄러워하고 남의 불선不善함을 미워하는 마음은 사람이면 다 가지고 있다. 공경하는 마음은 사람이면 다 가지고 있다. 시비를 가리는 마음은 사람이면 다 가지고 있다. 측은해 하는 마음은 인仁이다. 부끄러워하는 마음은 의義이다. 공경하는 마음은 예禮이다. 시비를 가리는 마음은 지智이다. 인·의·예·지는 밖에서 구할 수 있는 외재적인 것이 아니고, 내가 본래부터 지니고 있는 것이다."
"惻隱之心, 人皆有之. 羞惡之心, 人皆有之. 恭敬之心, 人皆有之. 是非之心, 人皆有之. 惻隱之心, 仁也. 羞惡之心, 義也. 恭敬之心, 禮也. 是非之心, 智也. 仁義禮智, 非由外鑠我也, 我固有之也."『孟子·告子上』

② 순자荀子의 견해

순자荀子는 선천적인 성性과 후천적인 인위人爲를 구분하여 생각했다.

"선천적 본성이란 하늘에 의해 성취된 것이며, 배울 수 없고 변화시킬 수 없는 것이다."
"凡性者, 天之就也, 不可學, 不可事."『荀子・性惡』

"일삼지 않아도 스스로 그러한 것을 성性이라 한다."
"不事而自然謂之性."『荀子・正名』

여기서 말하는 것은 바로 선천적인 자연본성이다. 한편 순자가 생각하는 후천적인 인위는 "위僞"로 표현된다.

"마음으로 생각하여 능히 행동으로 나타낼 수 있는 것을 위僞라 하고, 생각이 쌓여 습성이 된 후 완성된 것도 위僞라 한다."
"心慮而能爲之動謂之僞. 慮積焉, 能習焉而後成謂之僞."『荀子・正名』

순자는 인간에게서 보이는 부도덕한 행위의 근원을 정욕情慾과 천성天性이라고 지적했다.

"눈이 아름다운 색을 좋아하고, 귀가 좋은 소리를 좋아하며, 입이 맛있는 것을 좋아하고, 마음이 이익을 좋아하며, 육체가 안락한 것을 좋아하는 것은 모두 사람의 성性과 정情에서 생겨난 것이다."

"目好色, 耳好聲, 口好味, 心好利, 骨體膚理好愉佚, 是皆生於人之情性也."『荀子・性惡』

따라서 본래 부도덕한 인간의 본성을 바로잡기 위해선 후천적 인위의 노력이 필요하다고 주장한다.

"사람의 성性은 본디 악한데, 그 사람의 선한 것은 후천적인 인위에 의한 것이다."
"人之性惡, 其善者僞也."『荀子・性惡』

"구부러진 나무는 반드시 이를 바로잡는 도지개에 넣거나 불에 쬐어 반듯하게 잡아 준 후에야 반듯하게 되고, 무딘 쇠붙이는 숫돌에 간 후에야 예리해지는 것이다. 사람의 본성은 본디 악한데 반드시 스승의 가르침을 받은 후에 바르게 되는 것이며, 예의가 있은 후에야 다스려지는 것이다."
"故枸木必將待檃栝烝矯然後直, 鈍金必將待礱厲然後利. 今人之性惡, 必將待師法然後正, 得禮義然後治."『荀子・性惡』

이러한 내용에서 알 수 있듯이, 순자는 인간의 도덕의식이나 도덕적 행위는 모두 후천적 노력의 결과라고 생각하였다.

2 도덕적 인간이 되기 위한 방법

① 맹자의 견해

맹자는 이상적인 도덕성을 가진 인간이 되기 위해서는 본디 타고난 착한 성품을 지속적으로 확충해야 한다는 점을 강조했다.

> "오곡五穀은 좋은 종자지만, 잘 여물지 못하면 잡초만도 못하다. 인仁 또한 그것을 익숙히 함에 달려 있을 뿐이다."
> "五穀者, 種之美者也. 苟爲不熟, 不如荑稗. 夫仁, 亦在乎熟之而已矣."『孟子
> ・告子上』

맹자가 도덕적 인간이 되기 위한 방법으로 제시한 것은 내성內省과 양기養氣이다. 내성內省은 이성적 사고로 양심을 회복하는 것이고, 양기養氣는 호연지기浩然之氣를 기르는 것이다.

② 순자荀子의 견해

순자는 선천적으로 좋지 않은 성품을 타고난 인간이 도덕적 인간으로 변하기 위해서는 타고난 나쁜 성품을 개조해야만 한다고 강조했다.

> "선천적 성을 변화시켜 후천적인 노력을 낳는다."

"化性而起僞."『荀子・性惡』

"예의禮義는 성인聖人의 후천적인 작위作爲에 의해 생겨난 것이지, 처음부터 사람의 본성에서부터 생긴 것은 아니다."
"凡禮義者, 是生於聖人之僞, 非故生於人之性也."『荀子・性惡』

도덕적 인간이 되는 방편으로 순자가 제시한 방법은 인의법도仁義法度에 의한 교화敎化이다.

"우禹임금이 우禹임금인 까닭은 그 인의仁義와 올바른 규범을 실천했기 때문이다."
"凡禹之所以爲禹者, 以其爲仁義法正也."『荀子・性惡』

③ 양자 견해의 공통점

인간의 본성에 대한 맹자와 순자의 견해에도 공통점은 있다. 그것은 바로 모두가 수신修身과 학습을 강조했다는 점이다. 본디 선한 성품을 확충하기 위해서든 본디 나쁜 성품을 개조하기 위해서든 수신과 학습이라는 노력을 통해 인간은 충분히 선한 인간일 수 있다는 점을 긍정한 것은, 궁극적으로 양자 모두 인간에 대해 낙관적으로 이해했다는 점을 보여준다.

"사람은 모두 요堯・순舜과 같은 성인聖人이 될 수 있다."
"人皆可以爲堯舜."『孟子・告子下』

"길에 다니는 평범한 사람도 우禹임금처럼 될 수 있다."
"塗之人可以爲禹."『荀子·性惡』

3 두 인성론이 지닌 사회적 기능의 공통점

　맹자의 성선설과 순자의 성악설은 사실 교육적이고 사회적인 기능을 위해 이바지한 바가 크다. 인성人性 자체가 선한가, 아니면 악한가라는 형이상학적 논리를 떠나서, 양자의 인성론은 모두 현실사회의 윤리도덕적 교화와 더 밀접하게 연결되었다. 그들은 모두 인의仁義와 예의禮義를 보편적 도덕으로 인식했으며 성인聖人의 교화敎化가 필요함을 주장했다. 그리고 개개인이 이러한 보편적 도덕을 유지하거나 혹은 체득하기 위해서는 수신과 학습이라는 후천적 노력이 중요하다는 점을 강조하였다.

알게 된 내용
- 맹자와 순자의 학설은 모두 도덕적 인간의 구현에 관심을 가졌다.
- 양자 모두는 도덕적 인간 형성을 위해 수신과 학습 및 교화를 중요시하였다.

풀 어 보 기

● 호연지기浩然之氣

아주 크고 굳세어서 천지天地 사이에 꽉 차게 되는 기氣로서, 의義와 도道가 배합된 것이다. 호연지기는 본래부터 지니고 있는 것이 아니라 스스로 의로운 행위를 축적해 나감으로써 생겨난다.

● 수신修身

덕을 숭상하고 공부와 성찰을 통해 하늘이 내려준 인간의 도덕성을 수양해 나가는 것이다. 맹자에게서의 수신은 선한 마음을 보존하고 선한 본성을 계속 기르는 것이다.

● 교화教化

교육을 통하여 인간이 선한 본성을 찾도록 하는 것으로, 성현聖賢의 말과 글을 통해 도덕적이고 선한 것을 학습하고 몸소 행하도록 하는 것이다.

중국사상가 ⑧ 荀子

- **중국사상가 ⑧**

　순자(荀子): BC 298경~BC 238경. 전국(戰國)시대 말기 조(趙)의 사상가. 본명은 황(況), 별칭은 순경(荀卿)·손경자(孫卿子). 성악설(性惡說)을 주장하였다. 저서로는 『순자(荀子)』가 있다.

유가에서 말하는 경도經道와 권도權道는 무엇인가

알아 볼 내용
• 유가의 "경經·권權"설의 의미와 전개과정

1 경經과 권權

 "경經"이라 함은 절대 변할 수 없는 근본으로서의 유가의 도덕규범과 원칙을 의미한다. 이러한 도덕적 원칙은 시간과 장소의 구분 없이, 그리고 어떠한 상황 아래에서도 반드시 적용되어야 하는 보편성이다. 유가철학에서는 이러한 도덕규범과 원칙이 반드시 실행되어야 하는 것으로 이해된다.

 한편 "권權"은 어떤 특수한 상황 아래서는 "경經"에 얽매이지 않는 임기응변을 발휘하는 것을 의미한다. 바로 시간과 장소, 그리고 상황에 따라 적절하게 적용되어야 하는 특수성이다. 상황은 수시로 변하므로, 일정한 도덕규범과 원칙이 모든 사물과 현상에 언제나 적용될 수는 없다는 전제가 깔려 있다.

2 "經·權" 설의 전개

① 공자

공자孔子는 經의 절대성을 강조하면서도 經의 기본정신을 위배하지 않는 한 상규常規에 대한 융통을 허용하고 있다. 다만 권도權道를 행하기는 매우 어려워 고도로 수양이 잘 된 자만이 이를 행할 수 있으므로 수신과 학문을 강조하였다.

② 맹자

맹자孟子는 權이란 잘 가늠해 보고 선택하는 것이라고 생각하였다. 아래 글에서 맹자가 생각한 經과 權의 대조를 잘 알 수 있다.

> "순우곤淳于髡: '남녀 간에 주고받기를 직접 손으로 하지 않는 것이 禮입니까?'
> 맹자孟子: '禮입니다.'
> 순우곤; '그러면 제수弟嫂가 우물에 빠지면 손으로 구해야 합니까?'
> 맹자: '제수가 물에 빠졌는데도 구하지 않는다면 이는 들짐승과 다를

바 없습니다. 남녀 간에 주고받기를 친히 하지 않음은 예禮이나, 제수가
물에 빠졌다면 손으로 구하는 것이 마땅합니다. 이것이 권도權道입니
다.'"

"淳于髡曰, 男女授受不親, 禮與. 孟子曰, 禮也. 曰, 嫂溺, 則援之以手乎. 曰,
嫂溺不援, 是豺狼也. 男女授受不親, 禮也. 嫂溺, 援之以手者, 權也."『孟子・離
婁上』

③ 한대漢代 유가의 "경經・권權"설

한대漢代의 유가는 경經이 있으면 권權이 있을 수 없으니, 경經이 없어
야 비로소 권權이 있게 된다고 생각했다. 권도權道는 경經의 규정이 없을
때, 혹은 경도經道를 바로 적용할 수 없는 상황 아래 발휘될 수 있다는
것이다. 그러나 이러한 때에도 권도는 반드시 경도의 기본원칙에 부합하
는 융통성을 보여야 한다고 주장했다. 그래서 권이란 반드시 경에 합당한
연후에 실행할 수 있다는 점을 강조했다. 아래 글은 한대漢代 유가의 이러
한 생각을 명확하게 보여준다.

"권權이라는 것은 무엇인가. 권權은 경經에 부합하는 바가 있은 이후
에 타당성이 있게 되는 것이다."

"權者何. 權者反於經, 然後有善者也."『春秋公羊傳・桓公11年』

유가에서 말하는 경도와 권도는 무엇인가 91

④ 송대宋代 유가의 "경經·권權"설

송대宋代 유가는 한대漢代 유가의 생각과는 다소 다른 견해를 내놓았다. 한대漢代 유가가 경이 없거나 효력을 발휘할 수 없게 된 상황 아래 권이 발휘된다고 한 반면, 송대 유가는 경과 권의 불가분과 통일을 주장했다. 권 역시 경이라는 것이다. 주희朱熹의 다음 글은 이러한 생각을 단적으로 보여준다.

"비록 권權이라도 전통에 의거함에 경經과 떨어지지 않으니, 권權은 단지 經의 변형일 뿐이다."
"雖是權, 依舊不離那經, 權只是經之變."『朱子語類』卷37

3 "경經·권權" 설의 의미

유가의 "경·권"설의 역사적 발전과정을 보면, 유가가 결코 자신의 주장을 끝까지 관철하려고만 하는 교조주의教條主義가 아님을 확인할 수 있다. 사상과 행위의 변통變通을 허용했으며 나아가 현실의 구체적 상황에 근거하여 가장 적합한 방법을 도출하려고 노력했던 것이다. 또한 현대에 많이 논의되는 보편성과 특수성이란 문제가 바로 경과 권의 문제임을 상기할 때, 이점에 대해 이미 유가는 아주 일찍이 주의했었다는 점도 주목

할 만하다.

> **알게 된 내용**
> · "경經"은 유가의 불변적 도덕규범과 원칙이며, "권權"은 이를 어기지 않는 범위 내에서 융통성을 발휘하는 것이다.

풀 어 보 기

● 교조주의敎條主義

   과학적인 해명 없이 신앙이나 신조信條에 입각하여 명제命題를 고집하는 주의主義를 말한다. 교조주의는 현실 변화에 이끌려 기본원칙을 제멋대로 수정하고 왜곡하는 수정주의와 대립된다.

중국사상가 ❾ 商鞅

· 중국사상가 ⑨

상앙(商鞅): ?~BC 338. 전국(戰國)시대 진(秦)의 사상가·정치가. 형명학(刑名學)을 좋아하였으며, 10년간 진(秦)의 재상(宰相)으로 있으면서 엄격한 법치주의 정치를 폈다. 저서로는 『상군서(商君書)』가 있다.

도가에서 말하는 "도道"는 무엇인가

알아 볼 내용

- "도道"의 의미
- 도가사상의 성격과 특징

1 "도道" 의 의미

 도가에 있어서 도道·자연·자연적 질서는 완전한 것·본래의 것·가장 이상적인 것을 의미한다. 따라서 도가철학의 기본 구도는 인간이나 사회 모두 이 "도道"를 회복하여야 한다는 것이다. "도道"란 우주의 본체이자 자연적 역량이며 우주만물을 존재하도록 하는 생성원리, 그리고 현상세계의 유한성과 상대적 모순을 초월한 절대 진리를 의미한다.

2 도가사상의 성격과 특징

① 상식常識의 한계

노장老莊사상에 의하면, 인간은 감각적 인식과 편견에 사로잡혀 우주만물을 상대적으로 인식하고 인위적으로 가치판단을 함으로써, 도道와 자연으로부터 멀어지게 되며 타고난 자연의 덕을 망각하게 되어 사회적으로도 많은 쟁탈과 갈등이 생기게 된다고 한다. 우리가 일반적으로 진실이라 믿고 있는 일상적인 지식들은 대부분 상대적 입장이나 주관에 불과한 경우가 많고, 불완전한 오감五感을 통하여 외부 사물을 느끼고 파악하는 인식 또한 한계를 지닐 수밖에 없다는 것이다.

"천하의 사람들은 자기가 아름답다고 여기는 것이 아름다운 줄 알지만 이것은 추악한 것일 뿐이다. 천하가 모두 착하다고 여기는 것이 착한 것인 줄 알지만 이것은 착하지 않을 것일 뿐이다."
"天下皆知美之爲美, 斯惡已. 皆知善之爲善, 斯不善已."『老子·2章』

② 득도得道의 방법

도가에서는 최고의 경지에 도달하기 위해서 모든 외부적이고 비본질적인 현상들은 잊어버리라고 주문한다. 즉 "망忘"을 통해 정신적 자유를 추구할 것을 말하는 것이다. 노장사상에서 제시하는 득도得道의 방법 가운데 대표적인 개념으로는 심재心齋와 좌망坐忘을 들 수 있다.

심재心齋는 제사지내기 전에 목욕재계하듯이 마음을 재계한다는 의미이며, 마음을 비워 깨끗이 한다는 뜻이다. 즉 감각기관을 청소하고 마음을 깨끗이 비움으로써 궁극적으로 허虛의 경지에 이를 것을 목표로 한다. 이 허虛의 경지에 이르면 자연히 나와 대상 사이의 간격이 없어지는 물아양망物我兩忘과 물아일체物我一體의 상태가 실현된다.

> "잡념을 없애고 마음을 통일하라. 귀로 듣지 말고 마음으로 듣도록 하라. 마음으로 듣지 말고 기氣로 듣도록 하라. 귀는 소리를 들을 뿐이고 마음은 밖에서 들어온 것에 맞추어 깨달을 뿐이다. 하지만 기氣는 텅 비어 무엇이나 다 받아들인다. 참된 도道는 오직 허虛 속에 모인다. 이 허虛가 심재心齋이다."
>
> "若一志, 无聽之以耳而聽之以心, 无聽之以心而聽之以氣. 耳止於聽, 心止於符. 氣也者, 虛而待物者也. 唯道集虛. 虛者, 心齋也."『莊子・人間世』

좌망坐忘은 조용히 앉아서 우리를 구속하는 일체의 것들을 잊어버리는 것을 의미한다. 이는 수양의 극치로서 무아無我의 경지를 뜻하며, 앉은 채로 일체의 물아物我・시비是非・차별差別을 잊어버리는 상태이다.

> "손발이나 몸을 잊고, 귀와 눈의 작용을 물리치며, 형체를 떠나 지식을 버리고 저 위대한 도道와 하나가 되는 것, 이것을 좌망이라 한다."
>
> "墮肢體, 黜聰明, 離形去知, 同於大通, 此謂坐忘."『莊子・大宗師』

이러한 심재와 좌망의 결과로 인간은 정신적 자유를 추구할 수 있게 된다.

③ 원시사회로의 회귀

노장老莊사상이 태동하던 당시는, 군주들이 부국강병의 전쟁을 일삼으며 자신들의 권력욕을 채우려는 데 몰두해 있던 시절이었다. 한편 백성들은 잦은 전쟁 및 과중한 세금과 부역으로 비참한 생활을 하고 있었는데, 노자老子는 이러한 불행과 혼란을 극복하기 위하여 태고太古시대와 유사한 "작은 나라와 적은 백성[小國寡民]"의 체제를 주장하였다.

> "나라는 작고 백성은 적어야 한다. 여러 가지 기물器物이 있어도 사용하지 않도록 해야 한다. 백성들이 죽는 것을 중시하고 멀리 떠나지 않도록 해야 한다. 배나 수레가 있어도 탈 일이 없도록 해야 하고, 무기가 있어도 싸울 일이 없도록 해야 한다. 백성들이 다시 새끼줄을 묶어 사용하던 저 원시상태로 돌아가도록 해야 한다. 백성들로 하여금 자기 본래의 음식을 맛있게 먹고, 자기 본래의 환경을 안락하게 여기고, 자기 본래의 습속을 즐기게 해야 한다. 이웃 나라가 서로 바라다 보여 닭 우는 소리와 개 짖는 소리가 들리더라도 백성들은 늙어 죽을 때까지 왕래하지 않는다."
> "小國寡民. 使有什佰之器而不用, 使民重死而不遠徙. 雖有舟輿, 無所乘之, 雖有甲兵, 無所陳之. 使人復結繩而用之, 甘其食, 美其服, 安其居, 樂其俗. 隣國相望, 鷄犬之聲相聞, 民至老死不相往來."『老子·80章』

나라의 영토는 작고 인구수는 적게 만들어야 한다는 "소국과민小國寡民"이란 주장은, 사회의 구조나 체계를 가능한 한 소규모로 유지함으로써 국가 또는 정부의 역할과 영향력 및 권위를 최소화해야 한다는 이상을 말한다. 이렇게 함으로써 백성들은 각자의 자연스러운 본성대로 삶을 즐기며 자유롭게 살아갈 수 있다는 것이다.

④ 무위無爲 정치

노장사상에서 무위자연無爲自然은 도道의 속성을 표현한 것이면서, 동시에 도에 이르기 위한 방법론이기도 하다. 개인적 측면의 득도得道뿐 아니라 사회적 측면에서도 이상적인 사회를 실현하기 위해 무위정치無爲政治라는 통치방법이 요구되는 것이다. 무위정치는 말 그대로 인위적인 영향력을 가하지 않고 자연스럽게 놓아둔다는 뜻이지만, 동시에 아무것도 하지 않으나 이루어지지 않는 일이 없다는 뜻도 내포하고 있다. 또한 백성들이 기본적 욕구 충족에 만족하며 자유로운 본성대로 살아갈 수 있도록 한다는 의미도 들어 있는데, 이러한 무위정치 사상은 유가 및 법가 사상과 결합되어 훗날 청정무위淸淨無爲를 주장하는 황로사상黃老思想으로 이어지게 된다.

"성인聖人은 일부러 함이 없이 일을 처리하고, 말하지 않고 가르침을 행한다. 자연은 만물을 활동하게 함에 기꺼이 노고를 마다않으며, 만물을 생육하게 하고도 소유하지 않는다. 일을 하되 자랑하지 않고, 공功을 이루고도 자기의 공로라고 생각하지 않는다. 자기의 공로라고 자처하지 않기 때문에 공功은 그에게서 떠나가지 않는 것이다."

"聖人處無爲之事, 行不言之敎, 萬物作焉而不辭, 生而不有, 爲而不恃, 功成而弗居. 夫唯弗居, 是以不去."『老子・2章』

"천하를 취하여 그것을 인위人爲로 다스리려 하는 것은 불가능한 일이라고 본다. 천하란 신묘한 그릇이어서 인위로 다스릴 수가 없는 것이다. 인위로 다스리려는 자는 그것을 망치고, 거기에 집착하는 자는 그것을 잃을 것이다."

"將欲取天下而爲之, 吾見其不得已. 天下神器, 不可爲也, 爲者敗之, 執者失之."『老子・29章』

알게 된 내용

- 도가사상의 "도道"는 우주만물의 생성원리이며, 현상세계의 유한성과 모순대립을 초월한 절대적 진리이다.
- 도가사상의 "무위無爲" 철학은 자연스러움을 강조한다.

풀어보기

● 심재心齋

심재는 장자莊子가 제기한 일종의 정신수양방법인데, 모든 사려思慮와 의식意識을 배제하여 텅 비고 고요한 허정虛靜의 상태에 들어섬을 가리킨다.

● 좌망坐忘

좌망 역시 장자莊子가 제기한 일종의 정신수양방법이다. 좌망이란 시비是非의 차별과 도덕적 공리功利를 떨쳐 버림으로써 도道와 하나가 되는 경지에 이름을 뜻한다.

● 물아양망物我兩忘과 물아일체物我一體

이 두 개념의 의미는 사실 동일하다. 나와 사물이 혼연일체가 됨으로써 양자 간의 상대적 구분이 없어지는 경지를 말한다.

중국사상가 ⑩

韓非

- **중국사상가** ⑩

    한비(韓非): BC 280경~BC 233. 전국(戰國)시대 말기의 사상가. 진(秦)의 이사 (李斯)와 함께 순자(荀子)에게 배워 뒷날 법가(法家)의 사상을 대성하였다. 저 서로는 『한비자(韓非子)』가 있다.

장자莊子는 어떠한 인생관을 가졌을까

알아 볼 내용

· 장자의 인생관

1 현실적 부귀영화를 좇지 말 것

장자莊子는 현실적인 부귀영화보다는 굴레에 얽매이지 않는 자유로운 삶을 지향했다. 왜냐하면 현실의 부귀영화는 언젠가는 나를 해치고 말 것이란 점을 간파했기 때문이다.

"어떤 이가 장자를 중용하려 하자, 장자는 그 말을 전하러 온 사신에게 이렇게 말하였다. '당신은 제사에 희생물로 쓰이는 소를 보지 못하였소? 아름다운 무늬가 수놓아진 비단 천으로 장식을 해주고 수 년 동안 잘 먹여주고 보살핍니다. 그러나 제사 지낼 때가 되면 이제 그 소를 사당으로 끌고 들어갑니다. 이때에 이르러 그 소가 비록 아무도 돌보지 않는 송아지로 되돌아가고 싶다 한들 어찌 가능 하겠습니까?'"

"或聘於莊子. 莊子應其使曰, 子見夫犧牛乎. 衣以文繡, 食以芻菽, 及其牽而入於太廟, 雖欲爲孤犢, 其可得乎."『莊子・列禦寇』

2 상식에 얽매이지 말 것

장자는 우리가 일반적으로 알고 있는 상식常識에 대해 회의懷疑할 것을 주문한다. 왜냐하면 인간이 가진 일상적 지식들은 주관적 입장에 사로잡힌 편견일 수 있기 때문이다. 진정한 지식과 가치는 상대적인 것이다.

"사람은 습한데서 자면 허리병이 생겨 반신불수로 죽지만 미꾸라지도 그렇던가? 나무 위에 있으면 떨고 무서워하지만 원숭이도 그렇던가? 이 셋 중 어느 쪽이 올바른 거처를 알고 있는 걸까? 또 사람은 소나 돼지 따위의 가축을 먹고, 순록은 풀을 먹으며, 지네는 뱀을 즐겨 먹고, 올빼미는 쥐를 먹기 좋아한다. 이 넷 중 어느 쪽이 올바른 맛을 알고 있다고 하겠는가? 암원숭이는 긴 팔 원숭이를 짝으로 삼고, 순록은 사슴과 교배하며, 미꾸라지는 물고기와 논다. 모장毛嬙이나 서시西施는 사람마다 미인이라고 하지만, 물고기는 그를 보면 물 속 깊이 숨고, 새는 그를 보면 하늘 높이 도망가며, 순록은 그를 보면 힘껏 달아난다. 이 넷 중 어느 쪽이 세상의 올바른 아름다움을 알고 있을까?"

"民濕寢, 則腰疾偏死, 鰌然乎哉. 木處, 則惴慄恂懼, 猨猴然乎哉. 三者孰知正處. 民食芻豢, 麋鹿食薦, 蝍蛆甘帶, 鴟鴉嗜鼠, 四者孰知正味. 猨猵狙以爲雌, 麋與鹿交, 鰌與魚游. 毛嬙西施,人之所美也. 魚見之深入, 鳥見之高飛, 麋鹿見之決驟. 四者孰知天下之正色哉."『莊子・齊物論』

3 마음을 비우고 한 가지에 집중할 것

앞만 바라보고 무작정 전진하는 인간들을 바라보며 장자는 무엇을 느꼈을까? 아마도 간단히 부러지고야 마는 미숙한 소잡이의 칼날 같은 위태로움을 느꼈을 것이다. 눈앞의 이익과 목표만 생각하는 맹목적인 인간들의 욕심은 결국 육신과 영혼을 해치고 말리라는 것이 장자의 생각이다. 진정 중요한 도의 본질에 마음을 집중해야만 한다는 것이다.

"한 번은 포정庖丁이 문혜군文惠君을 위하여 소를 잡은 적이 있었다. 손이 닿는 곳마다, 어깨가 움직일 때마다, 발과 무릎이 옮겨지고 굽혀지는 데마다, 싹싹 쓱쓱 칼 대는 소리가 가락에 맞았다. ……
문혜군: '아, 훌륭하도다! 재주라는 것이 이런 경지에까지 이를 수 있는 것이던가.'
포정: <칼을 놓으며> '재주라니요? 도道를 기技에 의탁했을 뿐, 제가 즐기는 것은 바로 도랍니다. 제가 처음 소를 가를 때만 해도 눈에 보이는 것은 온통 소뿐이었습니다. 그런데 3년이 지난 후 소의 모습은 눈에 들어오지 않더이다. 지금 저는 감각의 작용이 아닌 마음으로 소를 대할 뿐입니다. …… 오로지 뼈와 살 사이의 큰 간격을 쪼개고 골절 사이의 큰 구멍에 칼을 넣으니, 이는 곧 자연의 도리를 좇는 것입니다. 하니 뼈와 힘줄이 얽혀 있는 곳에 칼이 이르지도 않거니와, 하물며 큰 뼈에 부딪히는 일이 있을 수나 있겠습니까? …… 제가 가진 칼은 19년이나 써오는 것입니다만 그 동안 잡은 소가 몇 천 두나 됩니다. 그러나 칼날은 숫돌에 방금 간 듯합니다. …… 그렇다 해도 막상 뼈나 힘줄이 엉킨 곳을 만났을 때는 그것의 어려움을 알기에 저절로 긴장이 됩니다. 시선을 떼지 않고 차분히 조심스럽게 칼을 씁니다. 이윽고 칼을 거두면 마치 흙

덩이가 땅에 떨어지듯 고기가 와르르 떨어져 내립니다. 그 즈음에 이르면 저는 사방을 휘두르며 전율로써 성취감을 누립니다. 연후에 칼을 잘 수습하곤 집어넣습니다.'

　문혜군: '기가 막힌 소리다. 내 이제 포정의 말을 듣고 양생의 법을 알았도다.'"

　"庖丁爲文惠君解牛. 手之所觸, 肩之所倚, 足之所履, 膝之所踦, 砉然嚮然. 奏刀騞然莫不中音. …… 文惠君曰, 譆, 善哉, 技蓋至此乎. 庖丁釋刀對曰, 臣之所好者道也. 進乎技矣. 始臣之解牛之時, 所見無非牛者, 三年之後, 未嘗見全牛也. 方今之時, 臣以神遇, 而不以目視. …… 批大郤導大窾, 因其固然. 技經肯綮之未嘗, 而況大軱乎. …… 今臣之刀十九年矣. 所解數千牛矣. 而刀刃若新發於硎. …… 雖然每至於族, 吾見其難爲, 怵然爲戒, 視爲止, 行爲遲, 動刀甚微. 謋然已解, 如土委地. 提刀而立, 爲之四顧, 爲之躊躇滿志. 善刀而藏之. 文惠君曰, 善哉. 吾聞庖丁之言, 得養生焉."『莊子・養生主』

　이처럼 도를 깨닫지 못하는 인간들은 본질보다는 주변적인 데 생각이 가기 마련이다. 도를 체득하기 위해서는 모든 외부적이고 비본질적인 현상들을 잊어야만 한다. 장자가 "忘忘"을 강조한 것은 이 때문이다.

　"재경梓慶이라는 노魯나라의 목수가 나무를 깎아 거鐻라는 악기 틀을 만들었는데, 그것을 본 사람들은 놀라면서 귀신솜씨 같다고 했다. 노나라 임금이 보고 물었다. '그대는 무슨 비결로 이렇게 잘 만들었는가?' 재경이 대답했다. '신은 목수에 지나지 않습니다. 무슨 비결이랄 것이 있겠습니까! 그렇지만 한 가지 이런 것은 있습니다. 신이 장차 거鐻를 만들려 할 때는 감히 심기心氣를 소모시키지 않고 반드시 재계齋戒하여 마음을 깨끗이 합니다. 사흘을 재계하면 이걸 만들어서 상을 받거나 벼슬을 얻는다는 따위의 생각을 품지 않게 되고, 닷새를 재계하면 세상의 비난이나 칭찬, 잘하고 못함 따위의 생각을 갖지 않게 되며, 이레를 재계하면 전혀 마음이 움직이지 않고 내가 사지와 육체를 지녔다는 것조차 잊고 맙니다. 이때가 되면 이미 조정의 권세는 마음에 없고 그 기술에 전념하여 밖에서 마음을 어지럽히는 것이란 모두 없어지고 맙니다. 그런 뒤에야 산속 숲으로 들어가 본래의 자연스런 성질이나 모습이 이를 데 없이 좋은 나무를 찾아봅니다. 그리고 나서 마음속에 이제 만들 거鐻의 모양을 그려보고 그 나무에 손을 댑니다. 만약 뜻대로 안되면 만들지 않습니다. 이런 식으로 하면 나무의 자연스런 본성과 제 자연스런 본성이 하나가 됩니다. 제가 만드는 기구나 물건들이 귀신솜씨 같다고 하는 까닭은 바로 이것입니다.'"

"梓慶削木爲鐻, 鐻成, 見者驚猶鬼神. 魯侯見而問焉, 曰子何術以爲焉. 對曰, 臣工人, 何術之有. 雖然, 有一焉. 臣將爲鐻, 未嘗敢以耗氣也, 必齊以靜心. 齊三日, 而不敢懷慶賞爵祿. 齊五日, 不敢懷非譽巧拙. 齊七日, 輒然忘吾有四枝形體也. 當是時也, 无公朝, 其巧專而而滑消. 然後入山林, 觀天性. 形軀至矣, 然後成見鐻, 然後加手焉. 不然則已. 則以天合天, 器之所以疑神者, 其由是與."『莊子·達生』

4 작은 정부·규제 없는 사회·구속 없는 삶

복잡다단한 세상은 이런 저런 상식과 규범과 예법禮法, 혹은 성인聖人과 같은 이상적 표본으로 인간을 옥죈다. 장자는 이러한 속박으로부터 탈출을 꿈꿨다. 그저 소박한 삶을 영위하면서 구속 없이 각자의 본성을 실현하며 살 수는 없을까라는 염원을 수 없이 되 뇌었을 것이다.

"남월南越 땅에 한 마을이 있는데 이름을 건덕建德이라 부른다. 그곳의 백성들은 어리석고도 소박하며, 사사로움이 적고 욕망도 적으며, 일할 줄만 알지 물건을 저장해 둘 줄도 모른다. 남에게 무엇을 주고도 그 대가를 바라지 않으며, 어떤 것이 의義에 들어맞는 것인가를 알지도 못하며, 예禮란 어떻게 지키는 것인지도 알지 못한다. 멋대로 무심히 행동하면서도 위대한 자연의 도道를 실천하고 있다. 그들의 삶은 즐겁기만 하고, 그들은 죽으면 편안히 묻힌다."

"南越有邑焉, 名爲建德之國. 其民愚而朴, 少私而寡欲. 知作而不知藏, 與而不求其報. 不知義之所適, 不知禮之所將. 猖狂妄行, 乃蹈乎大方. 其生可樂, 其死可藏."『莊子·山木』

5 자연스럽게 내버려 둘 것

이러한 그의 사상은 궁극적으로 억지로 통제하지 말고 자연스럽게 방임할 것을 강조하게 된다.

"천하에는 일정하여 변하지 않는 것이 있다. 이 일정하여 변하지 않는 것이란 예를 들면 다음과 같다. 세상의 굽은 것은 구鉤[각을 그리는 자]에 의해 그런 것이 아니고, 곧은 것은 승繩[먹줄]에 의해 그렇게 된 것이 아니며, 둥근 것은 규規[원을 그리는 컴퍼스]로 만든 것이 아니고, 네모진 것은 구矩[직각을 그리는 자]를 써서 일부러 그렇게 만든 것이 아니며, 붙은 것은 아교나 옻칠로 그렇게 만든 것이 아니고, 묶인 것은 노끈이나 밧줄로 그렇게 한 것이 아니다. 모두 본래부터 저절로 그렇게 생긴 것이다. 따라서 천하의 모든 것들은 제 모습을 가지고 생겨나지만 왜 그렇게 생겨나는지 모르고, 모두 각각의 본성을 지니면서도 왜 그러한 본성을 갖게 되었는지 모른다. 그러므로 예나 지금이나 일정함을 계속 유지하며 훼손되지 않는다."

"天下有常然. 常然者, 曲者不以鉤, 直者不以繩, 圓者不以規, 方者不以矩, 附離不以膠漆, 約束不以纆索. 故天下誘然皆生而不知其所以生, 同焉皆得而不知其所以得. 故古今不二, 不可虧也."『莊子・騈拇』

알게 된 내용

- 장자의 사상은 현실의 상식에서 벗어나 모든 것을 잊고 마음을 비울 것을 주장한다.
- 장자는 인위적인 것을 거부하고 자연스러움을 강조한다.

풀어보기

● 성인聖人

"성聖"은 사리事理에 통달하고 경험과 지혜가 무궁함을 가리킨다. 따라서 성인聖人이라 함은 지혜가 풍부하고 자연과 우주 및 인생의 도道를 체득한 자를 의미한다. 유가시대의 성聖은 사실상 신화시대의 "신神"의 기능을 대체한 것이다. 원시적 신화시대에 "신성神性"이 절대적 진리로 받아들여지고 무한대의 권위를 가졌듯이, 공자 이후의 유가시대에는 성聖이 신성神性을 대신하고 성인聖人이 신神의 권능을 이어받아 시대의 진리와 권위로 기능하게 되었다. 그런데 신화시대의 신神과 유가시대의 성인聖人은 커다란 차이가 있다. 신과 인간은 철저하게 구분되어 인간은 절대로 신을 넘보면 안 되었지만, 유가사유에서의 인간의 최종목표는 다름 아닌 성인聖人이 되는 것이었다. 누구나가 최고의 도덕적 인간인 성인聖人이 되는 것을 목표로 설정한 유가는, 그 방법으로 도덕적 수양과 교육을 제시하였다.

- **중국사상가** ⑪

  동중서(董仲舒): BC 179경~BC 104경. 한무제(漢武帝: BC 140~BC 87) 때의 재상으로, 유교를 중국의 국교이자 정치철학의 토대로 삼는 데 이바지한 철학자이다. 유교는 그 뒤로 2,000여 년 동안 국교(國敎)의 지위를 유지했다.

# 선진先秦시기 철학의 두 쟁점: 천인天人과 의리義利

알아 볼 내용
• 선진시기 "천인天人"논쟁과 "의리義利"논쟁의 내용

1 "천인天人" 논쟁: 사유와 존재의 관계에 대한 쟁론

① "천인"논쟁의 의미

"천인天人"논쟁이란 자연과 인간, 천도天道와 인도人道, 자연과 인위人爲의 관계에 관한 변론을 일컫는다. 인간의 사유와 존재의 관계에 대한 문제를 반영하고 있는 선진先秦시대의 이 "자연과 인간에 대한 논쟁"은 선진先秦철학의 중요한 특색 가운데 하나이다.

② 선진先秦시대의 천天 관념

선진시대의 "천天"에는 두 가지의 뜻이 있다. 하나는 인격적 상제上帝를 의미하는 것이고, 다른 하나는 땅과 상대적인 존재로서의 하늘이다. 인격적 상제관념에서 천명天命이란 관념이 나왔고, 땅과 대립적 의미로서의 하늘이란 관념으로부터는 자연自然·법칙 등의 관념이 도출되었다.

③ 상주商周시대의 천명관天命觀

상주商周시대 사람들은 천天을 지고무상의 신神이라고 하여 인간의 모든 것은 천天의 지배를 받는다고 생각하였다. 이것이 상주商周시대 사람들의 천명관天命觀이다. 이후 주周나라 초기의 정치가인 주공周公은 상商나라의 멸망을 교훈 삼아 천명天命과 "인간의 덕성"을 연관 지었다. 덕을 숭상하는 정치를 하는 자만이 하늘의 보살핌을 받을 수 있다고 여긴 것이다. 그는 정치와 종교 및 윤리를 연계하여 하나의 체계로 만들었다.

서주西周 말엽 사회적 동란에 겪으면서 사람들은 더 이상 천天을 믿지 않게 되었다. 춘추春秋시대 전기前期에 이르러서는 천天의 신성성神聖性에 회의가 일었고, 급기야 춘추 말기에는 종교적 천명론에 대한 비판이 제기되었다. 이제 천도天道보다는 인도人道가 더욱 강조되기 시작한 것이다.

④ 춘추전국시대의 천명관

백가쟁명百家爭鳴의 춘추전국시대에 천인天人관계는 비로소 광범위하고 깊이 있게 논의되기 시작하였다. 공자는 귀신에 대하여 회의적이었다.

"사람 섬기는 것도 잘 하지 못하거늘 어찌 귀신을 잘 섬길 수 있겠는가?"
"未能事人, 焉能事鬼."『論語·先進』

나아가 천명天命을 두려워할 것을 주장하였다.

"도道가 장차 행해지는 것도 명命이며, 도道가 장차 폐해지는 것도 명命이다."
"道之將行也與, 命也. 道之將廢也與, 命也."『論語·憲問』

이처럼 공자의 천天에 대한 관점은 관념론적인 천명관이다. 그러나 인간이 천명을 충분히 실현해 낼 수 있는 존재라 믿었기에, 그의 천명관은 인간의 이성理性을 중요시한 이성주의적 천인관이라 할 수 있다.

한편 맹자는 공자의 사상을 계승하여 보다 많은 곳에서 천인관계를 논하였다.

"그 마음을 다하는 자는 그 성性을 알 수 있고, 그 성性을 아는 자는 천天을 알 수 있다. 마음과 본성을 잘 보존하여 기르는 것이 천天을 섬기는 방법이다."
"盡其心者, 知其性也. 知其性則知天矣. 存其心養其性, 所以事天也."『孟子·盡心上』

맹자는 천天이 일차적인 것이고 인간 심성의 근원이라 하여, 성性과 천天은 상통하는 것이라고 보았다. 따라서 성性은 하늘이 부여한 것이라 여긴 것이다. 맹자의 천인관은, 인간의 이성적 사유에 의한 인식과 수양을 통하여 선한 본성을 깨우쳐 천인합일天人合一에 도달할 것을 강조한다.

⑤ 도가道家의 천인관

노자老子는 유가의 입장과 달리 천도天道의 무위자연無爲自然을 주장하여, 인간을 만물 중 하나의 물건으로 보았다. 그리고 인간은 자연에 순응해야 한다고 여겼다.

"사람은 땅을 본받고, 땅은 하늘을 본받고, 하늘은 도道를 본받고, 도는 자연을 본받는다."
"人法地, 地法天, 天法道, 道法自然."『老子·25章』

노자의 사상은 객관적인 자연법칙을 존중하고 자연에 순응할 것을 주장하는데, 이는 어찌 보면 인간을 자연 앞의 무력한 존재로 파악하는 소극적인 사상으로 보이기도 한다.

장자莊子도 노자와 비슷하게 천도天道의 무위자연無爲自然을 주장하였다. 천天은 자연 그대로의 상태이고, 인人은 자연을 억지로 개조한 상태라고 생각하였다.

"무엇을 자연이라고 하고 무엇을 인위人爲라고 하는가? …… 소와 말에 발이 네 개가 있는 것을 자연이라 하고, 말머리에 고삐를 달고 쇠 코에 구멍을 뚫는 것을 인위라 한다."
"何謂天何謂人. …… 牛馬四足, 是謂天. 絡馬首, 穿牛鼻, 是謂人."『莊子·秋水』

장자는 완전하고 아름다운 자연의 순조로운 흐름 속에서 무위無爲의 상태로 있을 것을 강조한 것이다.

⑥ 순자荀子의 천인지변에 대한 총결

전국시대 말기 순자荀子는 제자諸子의 천인관계에 대한 학설을 비판적으로 검토하여 천인에 관한 논쟁을 총결하였다. 순자가 본 천天은 인간의 의지와는 상관없이 독립된 존재이다.

"줄지은 별들이 무리지어 운동하고, 태양과 달은 번갈아 비추고, 사계절은 교대로 돌고, 음양은 만물을 변화시키고, 바람과 비는 널리 베풀어준다."
"列星隨旋, 日月遞炤, 四時代御, 陰陽大化, 風雨博施."『荀子·天論』

그는 인간은 지혜와 슬기가 있고 천하에서 가장 존귀한 존재이므로, "천명을 제어하여 사용""制天命而用止",『荀子·天論』」하자는 획기적인 주장을 폈다. 그는 맹자의 관념론적인 천인합일론에도 반대하고, 인간의 능동성을 저해할 수 있는 노자와 장자의 숙명론에도 반대하였다.

2 "의리義利" 논쟁: 도덕과 이익의 문제에 대한 쟁론

① "의리義利"논쟁의 의미

"의義"는 일정한 도덕 행위를 가리키고, "이利"는 개인의 이익을 가리킨다. "의리義利"논쟁은 도덕과 개인적인 이익의 문제를 토론한 것이다.

② 도덕과 이익 사이의 모순

인간에게 이로운 것이라야 선하거나 의義라고 할 수 있고, 인간에게 이롭지 않거나 유해한 것은 악하거나 불의不義한 것이라 한다면, 의義와 이익은 마땅히 통일될 수 있을 것이다. 그러나 구체적인 개인의 행위는 일반적인 도덕행위와 충돌케 되는 상황이 발생하게 된다.

③ 공자孔子가 생각하는 "의리義利"관계

공자는 의리와 이익의 문제를 분명히 인식하였다.

"군자는 의義에 밝고, 소인은 이익에 밝다."

"君子喩於義, 小人喩於利."『論語・里仁』

여기서는 이익과 의로움에 모순이 존재한다는 것을 말하였다.

"의롭지 못한 채 부유하고 존귀한 것은 나에게 있어 뜬구름과 같다."
"不義而富且貴, 於我如浮雲."『論語・述而』

"이로움을 앞에 놓고서는 이것이 의로운 지를 생각해야 한다."
"見利思義."『論語・憲問』

"의로운 다음에 취하라!"
"義然後取."『論語・憲問』

이상의 견해들은, 자신이 얻을 이익에 앞서 그것이 도덕적인 것인지를 먼저 생각해야 하며, 그것이 불의하다면 이로움을 포기해야 할 것을 주문한 것이다.

④ 묵가墨家가 생각하는 "의리義利"관계

묵자墨子는 의로움과 이익은 통일될 수 있는 것으로, 양자 사이에는 어떠한 모순도 존재하지 않는다고 보았다.

"의義가 있으면 살고 의義가 없으면 죽는다. 의義가 있으면 부유하고

의義가 없으면 가난하다."
"有義則生, 無義則死. 有義則富, 無義則貧."『墨子・天志上』

"의로움은 이익이다."
"義, 利也."『墨子・經上』"

묵자는 도덕행위와 이익은 항상 관계된다고 보았다. 도덕적인 행위는 일정한 이익을 가져다줄 수 있고, 부도덕한 행위는 재난만을 가져다 줄 뿐이라 여겼다.

⑤ 맹자孟子가 생각하는 "의리義利"관계

맹자는 공자의 의리관義利觀을 계승, 발전시켰다.

"의義가 아니고 도道가 아니면 천하를 다 주어도 돌아보지 않는다."
"非其義也, 非其道也, 祿之以天下, 弗顧也."『孟子・萬章上』

맹자는 의義를 추구하는 것이 인간 행위의 유일한 목적이며, 이익을 중시하는 것은 도덕적 순결과 고상함을 해치는 것이라고 생각하였다. 하지만 그렇다고 해서 의로운 방법을 통해 얻은 이익마저 부정한 것은 아니다.

⑥ 순자荀子가 생각하는 "의리義利"관계

성악설性惡說을 주장한 순자는 개인의 이욕利慾과 사회의 도덕적 욕구는 완전히 상반되는 것이라고 여겼다.

"의로움과 이로움은 인간이 가지고 있는 두 가지의 가치이다. ……
의義가 이利를 이기면 치세治世가 되고 이利가 의義를 이기면 난세亂世
가 된다."
"義與利者, 人之所兩有也. …… 義勝利者爲治世, 利克義者爲亂世."『荀子·
大略』

그는 이익과 의로움의 관계를 모순관계로 파악하였다. 이익을 얻고자 하는 것은 자연스런 인간의 본성이므로 그것을 없애는 것은 불가능하나, 다만 이익을 좇는 마음이 의로움을 좋아하는 마음을 이겨서는 안 된다고 보았다.

⑦ 한비자韓非子가 생각하는 "의리義利"관계

한비자韓非子는 인간과 인간의 관계를 이해관계로 규정하였다.

"정직한 도리가 이익을 얻을 수 있다면 신하는 온 힘을 다해 임금을 섬길 것이다."

"正直之道可以得利, 則臣盡力以事主."『韓非子・姦劫弑臣』

"뛰어난 임금은 상을 명확히 하고 이익을 보여줌으로써 백성을 권면한다. 백성 부리기를 공적에 따른 상으로써 하지 인의仁義로써 하지는 않는다."

"故善爲主者, 明賞設利以勸之, 使民以功賞而不以仁義賜."『韓非子・姦劫弑臣』

그는 비록 인간과 인간의 관계를 이해관계로 규정하였지만, 인간은 이로움이 있기 때문에 의로운 행위를 할 수 있다고 보았다. 따라서 이로움으로써 의로운 행위에 종사할 수 있도록 할 것을 주장하였다.

⑧ 선진시대 "의리義利"논쟁의 성격

선진시대의 "의리義利"논쟁은, 이익과 의로움이 서로 모순되면서도 통일될 수 있다는 가능성이 제자諸子의 사상에 반영된 것이다. 각기 다른 관점은 각자가 처한 사상적, 정치적 입장을 드러낸 것이기도 하며, 한편으로 당시의 정치・경제・사회적 단면을 보여준 것이기도 하다. 선진시대의 "의리"논쟁은 대체로 의義를 중시하는 경향이 있었다. 하지만 때로는 이점이 개인의 이익을 억제하는 방편으로 활용되기도 했다.

> **알게 된 내용**
> - "천인天人"논쟁은 하늘과 인간의 관계에 대한 문제로 각 학파에 따라 다른 내용을 보이다가 순자에 의해 집대성되었다.
> - 도덕과 개인적 이익에 관한 "의리義利"논쟁은 각 계층의 입장과 당시의 정치·경제적 상황을 반영하는 것이다.

풀어보기

● 주공周公

주周나라의 성군聖君으로, 성은 희姬이고 이름은 단旦이다. 주周왕조를 세운 문왕文王의 아들이며 무왕武王의 동생이다. 무왕과 무왕의 아들 성왕成王을 도와 주왕조의 기초를 확립하였다.

● 묵가墨家

전국戰國시대에 묵적墨翟을 중심으로 한 학파이다. 상현尙賢·상동尙同·겸애兼愛·비공非攻·절용節用·절장節葬·천지天志·비락非樂·명귀明鬼·비명非命 등 열 가지 논의의 주장은 그 하나하나가 매우 이색적이다. 전국시대에 중앙집권적 체제 지향과 실리적인 지역사회의 단결을 주장하여 유가儒家와 대립한 유력 학파였다. 겸애설兼愛說이 대표적 학설이다. 우두머리인 거자鉅者를 중심으로 행동단체로의 성격을 강하게 드러냈다.

● 한비자韓非子

한韓의 왕족으로, 젊어서 진秦의 이사李斯와 함께 순자荀子에게 배워 뒷날 법가法家의 사상을 완성하였다. 말을 더듬었으나 저술에 뛰어났다. 순자에게 유학을 배우고, 도가·묵가의 사상을 흡수하였다.

중국사상가 12 鄭玄

• 중국사상가 ⑫

정현(鄭玄): 127~200. 후한(後漢)의 경학자(經學者). 자(者)는 강성(康成). 고문경설(古文經說)을 위주로 삼고 금문경설(今文經說)도 받아들여서 여러 경서에 주석을 달아 한대(漢代) 경학(經學)을 집대성했다.

선진先秦철학을 집대성한 순자荀子

> 알아 볼 내용
> · 순자사상에서의 천天과 인人의 의미
> · 순자가 선진철학을 집대성할 수 있었던 배경

1 순자荀子의 "천인天人" 관계에 대한 입장

"천인天人"논쟁은 선진先秦시대에 있었던 중요한 논변 가운데 하나이다. 여기에서 다룬 문제는 하늘과 인간, 천도天道와 인도人道, 자연과 인위 등에 관한 것이다. 당시 많은 사상가가 천인天人관계에 대하여 각자의 견해를 제시하였는데, 순자도 역시 이에 대하여 명확한 논점을 가지고 있었다.

> "하늘과 인간의 각기 다른 직분을 명확히 알면 그를 진실한 사람이라 할 수 있다."
> "明於天人之分, 則可謂至人矣."『荀子・天論』

이러한 견해에서 알 수 있듯이, 순자는 천天과 인人의 관계에 있어서 각자의 역할 분담, 즉 직분이 중요하다고 보았다.

① 천天의 의미

순자가 이해한 천天의 성격은 이렇다.

"하지 않아도 완성되고, 구하지 않아도 얻어진다."
"不爲而成, 不求而得."『荀子・天論』

그에 의하면 천天이라는 개념은 두 가지의 의미를 가지고 있다. 순자는 우선 천天을 객관적, 물질적 존재로서의 자연계로 파악하였다.

"줄지은 별들이 무리지어 운동하고, 태양과 달은 번갈아 비추고, 사계절은 번갈아 다스리고, 음양은 만물을 이루고, 바람과 비는 널리 베푼다."
"列星隨旋, 日月遞炤, 四時代御, 陰陽大化, 風雨博施."『荀子・天論』

여기서 순자가 이해한 천天은 인간 주변의 일상적 자연세계로서, 인간의 의지와는 독립된 존재이다. 자연은 자신의 운동법칙을 가지고 있어 인간의 의지에 따라 달라지지 않는다는 것이다. 따라서 순자에게서는 기왕에 천天에 대해 가지고 있던 신비감은 더 이상 존재하지 않는다.

"일식이나 월식이 일어나고, 계절에 맞지 않는 비나 바람이 생기고,
이상한 별이 무리지어 보인다. …… 이것을 이상하게 여기는 것은 좋으
나 두려워하는 것은 잘못이다."
"夫日月之有蝕, 風雨之不時, 怪星之黨見. …… 怪之, 可也, 而畏之, 非也."『荀子・天論』

천天은 더 이상 종교적 속성을 가진 존재가 아닌 자연속성을 지닌 대상일 뿐이다.

순자는 또한 천天을 객관적 규율성을 지닌 존재로 파악하였다.

"하늘에는 일정한 법칙성이 있다."
"天行有常."『荀子・天論』

"하늘에는 일정한 법칙이 있고, 땅에는 일정한 조리가 있다."
"天有常道矣, 地有常數矣."『荀子・天論』

여기에서의 "상常"은 객관적 규율성 또는 법칙을 의미하는 것이다. 천天에 법칙성이 있다고 이해한 것과 아울러 주목해야 할 것은, 천天은 사람의 의지와는 상관이 없다는 것이다.

"하늘은 사람이 추위를 싫어한다고 겨울을 멈추지 않고, 땅은 사람이
먼 길을 싫어한다고 광활함을 멈추지 않는다."
"天不爲人之惡寒也, 輟冬, 地不爲人之惡遼遠也, 輟廣."『荀子・天論』

선진철학을 집대성한 순자 133

순자는 이러한 말을 통하여, 하늘은 사람의 의지와는 멀리 떨어져 독립적으로 존재하는 것임을 강조하였다. 하늘은 사람의 어떠한 희喜·노怒·호好·오惡의 감정에도 영향 받지 않는다는 것이다.

② 인人의 의미

사람에 대한 이해에 있어서, 순자는 사람이 다음과 같은 두 가지의 측면을 함께 포괄하고 있다고 생각하였다.

> "자기가 해야 할 것을 알고, 자기가 하지 말아야 할 것을 안다."
> "知其所爲, 知其所不爲."『荀子·天論』

이 말은 매우 중요하다. 여기에는 인간이 천天과 어떠한 관계를 가져야 할 것인가에 대한 두 종류의 명제가 담겨 있다. 그 하나는 천天에 대해 인간은 "자기가 하지 말아야 할 것을 알아야 한다.[知其所不爲]"는 것이다. 이 말은 자연계의 객관적 규율성을 존중하면서 사람은 그 자신의 직분을 넘어서지 않는 범위 내에서 자신의 지혜로써 행동해야 한다는 것이다. 따라서 순자는 자연의 규율을 위배해서는 안 된다고 하였다.

> "그 사람이 비록 깊이가 있더라도 생각을 가하지 않고, 비록 위대하더라도 능력을 발휘하지 않으며, 비록 면밀하더라도 통찰을 가하지 않는다. 대체로 이것을 '하늘과 직분을 다투지 않는다.'고 하는 것이다."

"雖深, 其人不加慮焉, 雖大, 不加能焉, 雖精, 不加察焉, 夫是之謂不與天爭職."『荀子・天論』

그렇지만 여기에 인간 존재의 능동성이 빠질 수 없다. 천天의 고유한 직분을 넘어서지 않으면서도 인간은 "자기가 해야 할 것을 알아야 한다. [知其所爲]"는 것이다.

"하늘을 위대하다고 생각하여 바라보는 것과 하늘이 양육한 만물을 인간이 유용하게 하는 것은 어느 것이 나은가? 하늘을 예찬하고 따르는 것과 천명天命을 조절하여 쓰는 것은 어느 것이 나은가? 때를 바라며 기다리는 것과 때에 응하여 그것을 부리는 것은 어느 것이 나은가? 만물이 충분하기를 바라는 것과 최선을 다하여 만물을 변화시키는 것은 어느 것이 나은가? 만물의 원리를 따져 자리 잡게 하는 것과 만물을 다스려 잃지 않게 하는 것은 어느 것이 나은가? 만물을 생성하게 하는 근거를 바라는 것과 만물을 성장하게 하는 근거를 바라는 것은 어느 것이 나은가?"
"大天而思之, 孰與物畜而制之. 從天而頌之, 孰與制天命而用之. 望時而待之, 孰與應時而使之. 因物而多之, 孰與騁能而化之. 思物而物之, 孰與理物而勿失之也. 願於物之所以生, 孰與有物之所以成."『荀子・天論』

이 장황한 말에서 순자는 자연을 이해하여 개조하고 이용하는 것에 큰 가치를 부여하고 있음을 확인할 수 있다. 그에 의하면 인류에게는 자연을 인식하고 개조하는 능력이 있다는 것이다. 다시 말하면 순자는 자연의 법칙성과 규율성을 이해한 위에 인간의 능동적 사고를 기초로 한 행위가 이루어져야 한다고 여긴 것이다.

2. 선진先秦철학을 집대성하게 된 배경

순자는 제자諸子의 학설을 비판적으로 검토하여 선진先秦철학을 집대성하였다. 그가 선진시대의 철학을 집대성할 수 있었던 이유는 크게 세 가지로 생각해 볼 수 있다.

① 자연과학에 대한 성과

우선 당시에는 수학·천문학·물리학·의학 등의 자연과학분야에서 커다란 성과가 이루어졌다. 철학사상의 발전과 과학연구의 성취는 항상 밀접한 관계를 가지는데, 이러한 조건 아래 선진철학을 집대성할 수 있었던 것이다. 특히 전국戰國시대에는 자연과학의 발전이 더욱 두드러졌다. 수학에서는 점점 복잡한 계산이 가능하게 되었고, 천문학 분야에서는 하늘을 관측하는 기초를 마련하여 일월성신日月星辰의 규칙성을 인식할 수 있게 되었다. 또 물리학에서는 시공간과 물체의 운동 형식을 알 수 있도록 하는 등의 성과가 있었다. 의학 분야에서도 병의 초보적인 분류에서 병의 치료와 예방 등에 이르는 수준까지 발전하였고, 또 양생養生의 방법을 연구하는 등 중의학中醫學의 기초가 다져졌다. 선진先秦시기의 이러한 성과들은 순자가 선진先秦철학을 집대성할 수 있는 필요조건이 되었다.

② 백가쟁명百家爭鳴

순자가 선진先秦철학을 집대성할 수 있었던 또 하나의 조건은, 당시 여러 학설들이 난립한 백가쟁명百家爭鳴에서 찾을 수 있다. 철학의 집대성에 기본적으로 요구되는 것은 여러 학설들의 충분한 전개와 활발한 논의 및 이로 인한 학술적 발전이 있어야 한다는 점이다. 선진先秦시기 제자諸子의 학설은 전국戰國시대 말기, 즉 순자가 살던 시대에 이미 집대성의 완성을 가져올 수 있을 만큼 충분히 성숙되어 있었다.

이러한 백가쟁명의 예를 들면 다음과 같다. "천인天人"논쟁 내지는 자연관에 있어서, 공자는 귀신을 의심하면서 천명天命을 믿고 따랐지만 묵자墨子는 귀신을 인정하면서 천명을 의심하였다. 한편 노장老莊학파는 "도법자연道法自然"관을 주장하여 천인天人관계에서 자연의 중요함을 강조함과 동시에 인간은 만물 중의 하나의 사물에 지나지 않는다고 한 반면, 사맹思孟학파는 천인합일天人合一을 주장하여 인위人爲의 중요성을 긍정하였다. 또한 "명실名實"논쟁과 인식론을 보면, 공자는 이성理性을 존중하여 인간의 주관적 자각을 강조한 반면 묵자는 경험을 존중하여 객관사실의 중요성을 강조하였다. 하지만 노자老子는 이와 다르게 감각과 경험의 균등한 인식을 부정하는 태도를 보였다. 이후에 맹자는 공자의 이성理性에 대한 존중을 발전시켰고, 장자莊子는 노자가 부정한 인식론을 발전시켜 회의론懷疑論을 이끌어내었다. 동시에 혜시惠施와 공손룡公孫龍의 두 학파는 명실名實관계의 쟁론에서 상대주의와 절대주의를 각각 주장하였다. 이처럼 뚜렷하게 상반되는 견해의 동시 등장과 활발한 토론은 당시의 사유수준을 끌어올리는 데 크게 기여하였을 뿐 아니라, 궁극적으로 순자가 당시의 철학을 집대성할 수 있는 충분한 이론을 제공하였다.

③ 백가百家학설의 양기揚棄 과정

어느 한 사상가에 의해 다양한 이론이 집대성되기 위해서는 반드시 이전 학설의 양기揚棄와 비판批判이 이루어져야 한다. 순자는 바로 이러한 위치에서 여러 학설들을 주의 깊고 세밀하게 분석하고 취합하여 자신의 체계를 수립하였다. 천인天人관계의 예를 보자면, 순자는 노장철학의 일정 부분을 긍정하고 수용하여 "하늘에는 일정한 법칙성이 있다.[天行有常]"는 관점을 제시하였다. 천天은 자연임을 강조한 것과 동시에 인간의 소극적 능동성을 비판하여 더욱 적극적인 성격을 가진 인간상을 제시한 것이다. 또한 사맹思孟학파의 인위人爲를 강조한 관점을 받아들여 순자 자신의 사상체계를 확립하는 데 참고하였다. 그렇지만 사맹思孟학파가 천天의 객관적 규율성을 소홀히 한 면들은 비판하였다. 이러한 비판과 수용 과정을 통하여 형성된 무위無爲와 유위有爲의 관념 때문에 새로운 천인관天人觀을 이끌어낼 수 있었던 것이다. 이처럼 순자는 당시의 자연과학에 대한 성과를 토대로 백가쟁명의 다양한 이론을 살펴 긍정과 비판의 양기

揚棄 과정을 거친 다음 선진先秦철학을 집대성하였던 것이다.

알게 된 내용
・순자의 천인관天人觀은 자연의 법칙성을 인정한 위에 인간의 능동적 노력을 강조한 것이다. ・순자는 당시의 여러 학설을 종합하여 선진先秦철학을 집대성하였다.

• • • •
풀어보기

● 선진先秦철학

선진先秦시대에는 사회경제적 요인 등으로 인하여 열국列國의 인재들이 두드러진 활동을 하던 시기이다. 이들을 제자백가諸子百家라고 하는데, 이들은 활발한 사상활동을 통해 체계적인 학파를 성립하였다. 유가儒家・도가道家・법가法家・묵가墨家・명가名家・음양가陰陽家・잡가雜家・종횡가縱橫家・농가農家・소설가小說家 등의 학파가 그것이다.

● 백가쟁명百家爭鳴

춘추전국春秋戰國시대 사회적 대변동의 상황에서 전문 지식을 갖춘 사士 계층의 학술활동이 두드러졌는데 이들이 제자백가諸子百家이다. 이들은 자신의 사상으로 군주君主를 설득하려 노력하였는데, 이렇게 자신의 고유한 관점을 지닌 각 제자諸子들의 학설들이 난립한 것을 백가쟁명이라 이른다.

● "명실名實"논쟁

명실名實은 개념("名")과 실재("實")의 관계에 대한 문제로서 인식론의 기본 내용이다. 전국戰國시대 중기 이후 "명실"관계를 따지는 풍조가 크게 성행하였다. 사회적 계급관계의 와해와 다양한 제자백가諸子百家의 학설로 인하여 각자의 입장과 개념이 상반되는 현상이 빚어졌는데, 이 때문에 개념과 실재에 대한 여러 학설이 여러 가지로 개진되는 경향이 두드러졌다. "명실"논쟁은 바로 이러한 논의들을 이르는 것이다.

● 양기揚棄

한 이론의 완성은 이전 학설의 장단점을 변별하고 비판함으로써 이루어진다. 이로써 새로운 사상이 도출되거나 혹은 더욱 발전된 체계로 발전하는 것이다. 양기揚棄란 어떤 것을 그 자체로는 부정하면서 도리어 한층 더 높은 단계에서 이것을 긍정하여 살려 가는 것으로 변증법상의 주요한 개념이다. 지양止揚이라고도 한다.

중국사상가 ⑬ 阮籍

- **중국사상가 ⑬**

완적(阮籍): 210~263. 삼국(三國)시대 위(魏)의 사상가·문학자·시인. 자(字)는 사종(嗣宗). 혜강(嵇康)과 함께 죽림칠현(竹林七賢)의 중심인물이다. 강한 개성을 지녔으며, 반예교(反禮敎)의 사상을 관철하기 위하여 술과 기행(奇行)으로 자신을 위장하고 살았다.

유가사상과 묵가사상은 무엇이 다를까

알아 볼 내용

- 유가의 "애인愛人"설
- 묵가 학설의 탄생 배경과 "겸애兼愛"설

1 유가의 "애인愛人" 설

① 애인愛人의 의미

"애愛"는 사랑한다는 뜻이며, "인人"은 보통 남이나 다른 사람을 말한다. 한문 혹은 중국어의 구조는 한글과 달라 동사가 목적어 앞에 위치한다. 그래서 "애인愛人"은 우리가 통상 말하는 사랑하는 사람이 아니라 "사람[남]을 사랑한다."는 의미이다.

② 애인愛人설의 성격

유가의 사랑법은 기독교적인 박애博愛가 아니라 "차별애差別愛"이다. 즉 사랑에는 차등이 있다는 것이다. 유가에서는 절대 원수를 사랑할 수 없다. 의롭지 못한 자는 미워해야 한다. 사회적 "소인小人"도 멸시해야 한다. 못된 자와 못된 행위를 질타하면 할수록 나의 인간됨은 강화되기 때문이다.

"널리 사람을 사랑하되 어진 이를 더 친히 여겨라."
"泛愛衆而親仁."『論語・學而』

이러한 "구분하여 사랑하기"는 혈육에도 적용된다. 내 부모와 다른 이의 부모를 어떻게 똑같이 사랑할 수 있겠는가? 유가의 중요한 덕목인 효孝・제悌・인仁은 바로 가까운 사람으로부터 먼 사람에게로 사랑을 확대해 나감을 보여준다. 효孝는 나와 가장 가까운 사람인 부모에 대한 사랑이다. 제悌는 그 다음으로 가까운 혈육인 형제에 대한 사랑이다. 그리고 인仁은 나하고 혈육관계가 없는 일반 사람들에 대한 사랑이다. 이러한 차별애差別愛는 이른바 나로부터 시작하여 남에까지 이른다는 "추기급인推己及人"의 도리와 연결되며, 유가에서는 이러한 도리가 바로 예禮에 부합하는 것이라고 여겼다. 추기급인이란 도리의 저변에는 바로 내 부모도 사랑하지 못하는 사람이 어떻게 다른 일반 대중을 사랑할 수 있겠느냐는 논리가 담겨있다. "가화만사성家和萬事成"이란 말이 있듯이, 화목한 가정에서 사랑을 충분히 받고 느끼고 베푼 사람이 사회로 나가서도 남을 사랑할 줄 안다는 것이다.

③ 애인愛人설의 특징

유가의 차별애差別愛는 가까운 데서부터 먼 데로 이르는 점진적인 사랑을 말한 것이다. 유가의 사랑은 "추기급인推己及人"의 과정을 거치므로, 결국 출발점은 나로부터 시작한다. 따라서 남을 사랑하기 위해선 나의 도덕적 자각을 계발하는 자기수양으로서의 "수기修己"가 중요한 것이다. 한편 유가의 사랑법은 의義를 중시하고 이利를 경시하는 특징을 지닌다. 나의 혈육을 먼저 사랑하는 "친친親親"으로부터 시작하여 널리 일반대중을 사랑하는 "애인愛人"으로 확장한다는 점도 유가 애인愛人설의 중요한 특징이다. 하지만 이러한 유가식 사랑법이 종법宗法질서를 유지하고 강화시켰다는 지적도 있으며, 또한 혈연血緣·지연地緣·학연學緣 관계에 지나치게 얽매이게 되는 폐해에 원인을 제공한 측면도 있다.

2 묵가墨家에 대한 이해

① 묵가의 탄생 배경

묵가의 학설은 전쟁으로 피폐해진 백성의 삶 속에서 평민계층의 자의식自意識이 싹텄음을 반영하는 것이다. 또한 노동이 분화하고 수공업이 발전하게 되면서 사회구조가 변화하게 되고, 이에 따라 노동계층이 스스로 주체성을 각성한 산물이라고 볼 수도 있다.

② 묵가사상

묵가사상은 예법禮法에만 치중한다고 여겼던 유가에 대한 비판에서 시작된다. 묵가사상은 이전부터 존재하던 검소・절약 등의 덕목을 체계적으로 이론화하고, 나아가 이를 현실에서 실천한 공리주의功利主義라 할 수 있다. 그들이 말하는 절검주의節儉主義는, 세상의 이로움은 대중의 경제적 안정과 풍요 및 충분한 노동력에서 나오는데 이를 위해서는 절제・절약・간소한 장례・화려한 악무樂舞의 금지 등이 요구된다는 주장이다. 또 상동주의尙同主義는, 어떠한 사회적 갈등도 없는 이상사회를 위해서는 어진 지도자가 나타나 공평하고 정당한 방법으로 천하를 다스려야 한다는 주장이다.

3 묵가의 "겸애兼愛" 설

① 겸애兼愛의 의미

"겸애兼愛"는 신분과 혈연에 따르지 않고 사람을 사랑한다는 의미이다. 이러한 묵가의 사랑법은 유가와 달리 사랑에는 차등이 없다고 주장한다.

② 겸애兼愛설의 성격

묵가의 겸애는 사랑에 멀고 가까움이나 혈연관계의 유무 등에 의해 차등이 있어서는 안 된다는 것이다.

> "남의 나라 보기를 내 나라처럼 하고, 남의 집 보기를 내 집처럼 하며, 남의 몸 보기를 내 몸처럼 한다."
> "視人之國, 若視其國, 視人之家, 若視其家, 視人之身, 若視其身."『墨子・兼愛中』

> "반드시 내가 먼저 다른 사람의 어버이를 사랑하고 이롭게 한 연후에 다른 사람도 나의 부모를 이롭게 하고 사랑함으로써 나에게 보답케 한다."
> "卽必吾先從事乎愛利人之親, 然後人報我以愛利吾親也."『墨子・兼愛下』

③ 겸애설의 특징

묵가가 생각하는 사랑은 궁극적으로 행동이나 물질적으로 남을 이롭게 하는 것이다. 이는 곧 겸애의 도덕적 이상을 행위로 실천하는 것이다.

"어진 사람이 일을 하는 방법은 천하의 이로움을 일으키고 천하의 해로움을 제거하는 것이다."
"仁人之所以爲事者, 必興天下之利, 除去天下之害."『墨子・兼愛中』

"남을 사랑하는 자는 남도 따라서 그를 사랑한다. 남을 이롭게 하는 자는 남도 따라서 그에게 이롭게 행동한다."
"夫愛人者, 人亦從而愛之. 利人者, 人亦從而利之."『墨子・兼愛中』

이러한 견해는 곧 의義와 이利를 통일한 것이다. 묵가의 이러한 사상은 평민의 이상을 반영한 것이며, 경우에 따라서는 종법제적 혈연관계와 등급제도에 대한 정치적, 도덕적 견책이라고도 볼 수 있다.

알게 된 내용
- 유가의 "애인愛人"은 차별적, 점진적 사랑을 말한다.
- 묵가의 "겸애兼愛"는 평등적 사랑으로, 의義와 이利를 통일한 것이다.

풀 어 보 기

● **종법제**宗法制

  혈연관계를 기초로 한 서주시대西周時代의 사회제도이다. 정부인의 첫째아들인 적장자嫡長子가 아버지의 지위를 계승하여 대종大宗이 되고 다른 아들들은 분봉分封되어 소종小宗이 되도록 규정한 제도이다. 주나라는 봉건제도의 유지와 강화를 위해 새로운 사회제도인 종법제도를 창안하였는데, 이는 왕위 계승뿐 아니라 가부장적 사회 체제의 확립에도 절대적인 기준이었다.

중국사상가 ⓵④

嵇康

- **중국사상가 ⑭**

  혜강(嵇康): 223~262. 삼국(三國)시대 위(魏)의 시인・철학자. 자(字)는 숙야(叔夜). 죽림칠현(竹林七賢)의 중심인물로, 전통적 유교사상을 통렬하게 비판하였다. 주요저서로는 『고사전(高士傳)』, 『성무애락론(聲無哀樂論)』, 『석사론(釋私論)』 등이 있다.

유가사상과 도가사상은 어떻게 다를까

알아 볼 내용
- 유가와 도가에서의 인仁의 의미
- 유가와 도가의 이상인격에 도달하는 방법

1 유가의 인仁

인仁은 유가에서 말하는 온갖 미덕美德의 총괄이다. 부모에게 효도하고 형제간에 우애하는 "효제孝悌", 효제를 바탕으로 남을 사랑하는 "애인愛人", 자기 자신에게 충실하고 이를 바탕으로 남을 이해하는 "충서忠恕" 등의 덕목은 모두 인仁으로부터 비롯하는 것이다. 또한 공경함[敬]·진실됨[忠]·지혜로움[智]·용맹함[勇]·공손함[恭]·관대함[寬]·믿음[信]·민첩함[敏]·은혜로움[惠] 등의 근원도 모두 인仁이라 할 수 있다.

2 이상인격에 도달하는 방법

① 유가

일정한 도덕원칙과 규범을 따르고 실천함으로써 이상적인 인격을 갖출 수 있다.

> "예禮가 아니면 보지 말며, 예禮가 아니면 듣지 말고, 예禮가 아니면 말하지 말며, 예禮가 아니면 움직이지도 말라."
> "非禮勿視, 非禮勿聽, 非禮勿言, 非禮勿動."『論語・顏淵』

이상인격은 내면의 노력으로 성취할 수 있다.

> "인仁을 이루는 것은 나로부터 말미암는다."
> "爲仁由己."『論語集註』

> "내가 인仁하고자 하면 이에 인仁이 이를 수 있다."
> "我欲仁, 斯仁至矣."『論語・述而』

이상적인 인격은 외재적 노력을 병행함으로써 달성되기에 학습과 사색의 노력이 중요하다.

> "예禮를 배우지 않으면 설 수 없다."

> "無學禮, 無以立."『論語·季氏』

대의大義가 한 개인보다 중요하다. 이상적인 인간은 자기 자신의 본성이나 개성을 버릴 수 있어야 한다.

> "몸을 바쳐 인仁을 이룬다."
> "殺身以成仁."『論語·衛靈公』

> "인仁을 행하다가 죽는다."
> "踏仁而死."『論語·衛靈公』

맹자孟子는 자연적인 인간의 본성과 도덕원칙을 조화롭게 통일해야 한다고 생각했다. 그는 먼저 인간본성의 선천적인 역량을 강조했다.

> "인의예지仁義禮智는 금속에 도금하듯이 밖에서부터 나에게 치장된 것이 아니라 나에게 본래 있는 것이다."
> "仁義禮智, 非由外鑠我也, 我固有之也."『孟子·告子上』

즉 이상적인 인격의 형성과정은 밖을 향해 추구하거나 외재적인 규범으로써 자기를 제약하는 과정이 아니라, 인간의 내재적인 윤리적 본성을 발휘하는 과정이라는 것이다. 그는 더 나아가 더욱 구체적인 방법으로서, 호연지기浩然之氣를 기르고 확충함으로써 이상적인 인격에 도달할 수 있다고 주장했다.

순자荀子는 교육과 수양에 의해 이상적인 인간이 될 수 있다고 생각했다.

"인간의 감정과 본성을 바로잡고 꾸밈으로써 이를 올바르게 하고, 인간의 감정과 본성을 길들이고 교화함으로써 이를 올바르게 인도한다."
"矯飾人之情性而正之, 以擾化人之情性而導之也." 『荀子·性惡』

송명이학宋明理學에서 생각하는 이상인격에 도달하는 방법은 다음과 같다.

"천리天理를 보존하고 인간의 욕심을 제거한다."
"存天理, 去人欲." 『朱子全書』 卷1

② 도가

도가는 유가에서 말하는 인仁·의義·예禮 등은 모두 인위人爲의 산물이자 인간의 본성에 위배되는 것이라고 생각한다.

"도道를 잃은 후에 덕德이란 것이 있게 되고, 덕德을 잃은 후에 어질게 되며, 어짊을 잃은 연후에야 의롭게 되고, 의로움을 잃게 된 이후에야 예禮가 있게 된다. 대저 예라는 것은 사람의 성실성이 박약한 데서 일어나는 것이요, 자연의 질서를 어지럽히는 첫걸음이다."
"失道而後德, 失德而後仁, 失仁而後義, 失義而後禮. 夫禮者, 忠信之薄而亂之首."『老子・38章』

유가의 인위적 도덕규범으로는 자연본성이 충만한 이상적인 인격을 이룰 수 없다고 본 것이다.

"곡선이나 동그라미를 그리는 그림쇠, 직선을 긋는 먹줄, 네모꼴을 만드는 곱자 따위를 빌어서 사물을 규격대로 만드는 것은 바로 그 자연스런 본성을 해치는 짓이다. 밧줄이나 풀, 옻칠 따위로 사물을 묶거나 달라붙게 하는 것은 그 사물 본래의 속성을 침해하는 짓이다. 마찬가지로 예악禮樂에 따라 몸을 굽히고 인의仁義에 순순히 좇아 천하 사람들에게 맞추는 것은 본래의 모습을 잃는 짓이다."
"待鉤繩規矩而正者, 是削其性者也. 待繩約膠漆而固者, 是侵其德者也. 屈折禮樂, 呴兪仁義, 以慰天下之心者, 此失其常然也."『莊子・騈拇』

그렇다면 도가가 생각하는 이상인격에 도달하는 방법은 무엇일까? 그것은 바로 외재규범으로 속박하는 것이 아닌 내면의 본성을 회복하고 보존하며 발휘하려는 노력이다.

"몸을 잘 닦으면 그 덕이 바로 참되는 것이다."
"修之於身, 其德乃眞."『老子・54章』

3 인仁에 대한 상반된 견해

① 유가의 인仁

유가에서 말하는 인仁은 도덕의 최고 표준이자 가장 완미完美한 도덕적 성질이다. 그리고 이러한 인仁에 도달해야만 이상적인 인격이 되는 것이다. 하지만 어떤 면에선 보편적인 도덕규범을 강조함으로써 개성을 억누르는 경향도 있다.

② 도가의 인仁

반면 도가는 인仁을 혼탁한 세상의 산물이자 인위人爲의 나쁜 결과라고 파악한다. 결국 유가에서 그토록 강조하는 인의仁義라는 것은, 말하자면 사람들이 법 없이도 살았던 원시공동사회의 그 큰 도덕이 무너진 이후 등장한 최소한의 질서를 위해 기능하는 법과 같은 존재라는 것이다.

> "대도大道가 없어지자 인의仁義가 있게 되었다."
> "大道廢, 有仁義."『老子・18章』

그래서 도가가 생각하는 이상적 인격에 이르는 방법은 자신의 본성을 회복하는 것이다. 그리고 그 결말은 유가라는 문명사회의 규범체계의 사슬을 끊는 것이다.

"인仁을 끊고 의義를 버린다."
"絶仁棄義."『老子·19章』

> **알게 된 내용**
> - 유가는 인仁을 도덕의 최고 표준으로 생각하나, 도가는 인仁을 인위적 산물이며 인간 본성에 위배되는 것으로 파악한다.
> - 이상인격에 도달하기 위해서 유가는 일정한 도덕과 원칙을 따라 인仁에 이를 것을 강조하였고, 도가는 자신의 자연스런 본성을 회복할 것을 강조하였다.

풀어보기

● 충서忠恕

자신의 정성을 다하여 다른 사람을 이해하는 것이다. 자기 자신에 충실하고 수양을 다하며 자기를 극진히 하여 속이지 않는 경지에 이른 것이 "충忠"이다. "서恕"는 자기 마음 그대로를 가지고 얻는다는 뜻이다. 충忠의 경지에 이르러 이 같은 인격과 인간상이 다른 사람에게까지 미쳐서 자기와 같이 타인을 용서할 줄 아는 경지에 이른 것을 "충서忠恕"라 한다.

● 송명이학宋明理學

송명 시대에 주도적 지위를 차지했던 학문체계로, 주요 학자는 이정二程과 주희朱熹 등이다. 그들은 모두 "이理"를 최고 범주로 삼았는데, 여기에서 이학理學이라는 용어가 생겨나게 되었다. 송명이학자들은 유가의 성인聖人을 이상적 인간상으로 생각하고, 성인의 정신경지의 실현을 인생의 궁극 목표로 삼았다. 그래서 천리天理를 보존하고 인욕人慾을 제거하는 것을 도덕 실천의 기본 원칙으로 삼았던 것이다. 이를 위한 구체적인 실천방법으로, 수양과 심성心性의 공부에 집중할 것을 강조하였다.

● 호연지기浩然之氣

맹자가 제시한 용어로, 하늘과 땅 사이에 충만한 크고 강한 원기元氣를 뜻한다. 기氣에는 물질적 기氣와 정신적 기氣가 있는데, 맹자가 말하는 기氣는 정신적 심령을 의미하는 것으로 곧게 길러 방해하지 않으면 천지天地 사이를 가득 채우게 되는 것이다. 호연지기浩然之氣는 본래부터 지니고 있는 것이 아니라 스스로 의로운 행위를 축적해 나감으로써 생긴다.

중국사상가 ⑮ 王弼

- **중국사상가 ⑮**

　왕필(王弼): 226~249. 삼국(三國)시대 위(魏)의 학자. 자(字)는 보사(輔嗣). 주요 저서로는 『노자주(老子註)』, 『주역주(周易註)』 등이 있다.

법가에서 말하는 형명刑名과 법술法術

알아 볼 내용

- 법가사상에 대한 이해
- 한비자의 형명법술刑名法術사상
---

1 형명刑名과 법술法術

① 형명刑名의 의미

　선진先秦시기에 "형刑"은 "형形"과 서로 통하는 말로 유형有形의 사물, 즉 객관사물을 가리킨다. 한편 "명名"은 명칭 혹은 개념을 의미한다. 따라서 "형명刑名"의 학學이라 함은 형刑과 명名의 관계를 연구하는 학문이라 하겠다. 형명刑名은 선진先秦시기에 자주 논의되던 철학주제였다. 형刑과 명名의 문제는 사실상 실實과 명名의 문제이며, 어떻게 이름과 실질을 일치시킬 것인가가 바로 관심의 대상이었다. 예컨대 어떤 구체적인 관직官職은 명名이요, 그 관직이 수행해야 할 임무가 실實이라면, 정치적 업적인 실實은 어떻게든 그 명名에 부합해야 한다는 것이다.

② 법술法術의 의미

"법술法術"이란 말은 황로지학黃老之學으로부터 비롯한 것인데, "명법明法"과 "임술任術"의 통치방법을 가리킨다. 명법明法이란 법을 명확히 하는 것이고, 임술任術은 관리를 임용함에 있어 술수를 쓰는 것이다. 법가는 군주君主가 국가를 통치할 때는 반드시 "명법明法"과 "임술任術"에 의해야 한다고 주장했다. 결국 군주君主는 각종 술수의 변화에 정통하여 국가를 통치해야 한다는 것이다.

2 한비자韓非子와 법가사상

① 형명법술刑名法術

『사기史記』에 한비자韓非子는 다음과 같이 묘사되어 있다.

"형명법술의 학을 좋아하였으며, 그 학문의 근본은 황로黃老에서 비롯한 것이다."
"喜刑名法術之學而其歸本於黃老."『史記・老莊申韓列傳』

선진先秦시기 법가는 급박한 정치상황을 수습하기 위한 방법을 제공하기 위해 황로黃老학파의 "형명刑名"설을 흡수하고 발전, 변화시켜 자신들의 정치이론과 통치수단으로 만들었다. 법가의 형명법술의 성격은 크게 두 가지로 파악할 수 있다. 하나는 명名과 실實[즉 刑]은 서로 일치해야 한다는 "형명참동刑名參同"이다. 다른 하나는 "형명참동刑名參同"의 보다 구체적인 요구로서, 통치자든 관리든 자기 직분의 임무[名]에 맞는 업적 [刑·實]을 이루어야 한다는 "순명책실循名責實"이다.

② 한비자의 사상

한비자는 도道의 사회적 실현이 법치法治에 의해 이루어질 수 있다고 주장하였다. 그가 생각하는 법의 이상은 다음과 같다.

> "거울은 맑음을 지키는 데 아무런 방해를 받지 않아야 아름다움과 추함을 있는 그대로 비교할 수 있고, 저울은 균형을 지키는 데 아무런 제약을 받지 않아야 가벼움과 무거움을 있는 그대로 달 수 있다. 만약 거울이 움직인다면 대상을 밝게 비칠 수 없고, 저울이 움직인다면 대상을 바르게 달 수 없는 것이다. 바로 법이 이런 것이다."
> "故鏡執淸而無事, 美惡從而比焉. 衡執正而無事, 輕重從而載焉. 夫搖鏡, 則不得爲明. 搖衡, 則不得爲正, 法之謂也."『韓非子·飾邪』

한비자가 파악한 군주와 신하의 관계는 어떠했을까?

"신하는 사력을 다함으로써 군주와 거래하고, 군주는 벼슬과 봉급을 가지고 신하와 거래한다. 군신君臣의 관계는 부자父子와 같은 혈연관계가 아니라 이익계산에 의해 맺어진 관계이다."

"臣盡死力以與君市, 君垂爵祿以與臣市. 君臣之際, 非父子之親也, 計數之所出也."『韓非子・難一』

또한 군주와 신하의 관계는 다음과 같이 정리하였다.

"군주는 법을 지키고 임무를 완수함으로써 공을 세우는 사람이다. 설사 관리가 법을 혼란하게 하더라도 홀로 법을 잘 지키는 백성이 있다는 말은 들었어도, 백성이 법을 지키지 않는 데도 홀로 법으로 다스리는 관리가 있다는 말은 듣지 못했다. 따라서 현명한 군주는 관리를 다스리지 백성을 직접 다스리지 않는다."

"人主者, 守法責成以立功者也. 聞有吏雖亂而有獨善之民, 不聞有亂民而有獨治之吏, 故明主治吏不治民."『韓非子・外儲說右下』

한편 한비자는 법과 윤리의 조화를 주장하기도 했다.

"초楚나라에 직궁直躬이란 사람이 있었는데, 한 번은 그 아버지가 양을 훔친 것을 관리에게 고발하였다. 그러자 영윤令尹이 직궁을 죽이라고 명을 내렸다. 군주에 대한 충직함이 아버지에 대해서는 도리어 불효가 되기 때문이라는 것이다."

"楚之有直躬, 其父竊羊, 而謁之吏. 令尹曰, 殺之. 以爲直於君而曲於父"『韓非子・五蠹』"

이러한 한비자의 법치사상은 결국 정치의 한 부분이다. 그것이 목표하는 바는 바로 백성들의 마음을 움직여 통치권을 보존하는 것이다.

> "나라 안의 정치를 엄격하게 실행하고 법령과 금령을 분명히 하며 상벌을 반드시 실행하고 땅을 잘 개발하여 수확을 증가시키면, 백성들은 죽음을 무릅쓰고 그 성성을 굳게 지키게 된다."
> "嚴其境內之治, 明其法禁, 必其賞罰, 盡其地力以多其積, 致其民死以堅其城守." 『韓非子・五蠹』

③ 형명법술刑名法術의 특징

첫째, 형명刑名은 조정의 기강을 다스리는 공리적功利的 기준이다.

> "군주는 장차 간신이 나오는 것을 방지하려면 형명刑名을 잘 살펴서 둘을 일치시켜라. 형명刑名이라는 것은 신하의 말과 그가 실제로 하는 일이다. 신하된 자는 자신의 재능을 말하고 군주는 신하의 말을 기초로 하여 그에게 일을 맡기니, 신하의 공공功은 오로지 신하가 한 일에서 판가름 난다. 공공功이 그 일에 맞고 일이 그의 말과 일치하면 상을 내리고, 공공功이 일과 맞지 않고 일이 그의 말과 일치하지 않으면 벌을 내린다."
> "人主將欲禁姦, 則審合刑名. 刑名者, 言與事也. 爲人臣者陳而言, 君以其言授之事, 專以其事責其功. 功當其事, 事當其言則賞. 功不當其事, 事不當其言則罰." 『韓非子・二柄』

둘째, 군주君主는 각종 수단, 즉 술수를 가지고 신하들을 통치한다. 법가사상은 백성에 대한 직접 통치보다는 신하를 통한 간접통치를 중시했기 때문에 신하들을 어떻게 다루고 처리할 것인지에 대해 고민을 많이 했다. 다음의 예문들은 한비자가 군주와 신하의 관계를 어떻게 이해했는지 잘 보여준다.

"術술이라는 것은 군주가 신하의 능력에 따라 관직을 주고 신하의 직분에 따라서 그의 업적을 따지며, 살리고 죽이는 권한을 정확히 사용하여 여러 신하의 능력을 검사하는 것이다."
"術者, 因任而授官, 循名而責實, 操殺生之柄, 課群臣之能者也."『韓非子·定法』

"군주와 신하는 하루에 백 번의 전쟁을 치른다."
"上下一日百戰."『韓非子·揚權』

"미리 아는 것을 가지고 묻는다."
"挾知而問."『韓非子·內儲說上七術』

"고의로 반대의 사실을 말하고 실제 사정을 뒤집어서 말한다."
"倒言反事."『韓非子·內儲說上七術』

"장차 어떤 신하를 살려두면 정치에 해가 되고 또 죽일 경우 나쁜 소문이 날 것 같으면, 음식을 이용해서 독살하든지 아니면 그와 원수지간인 사람에게 맡겨버린다. 이를 일러 꼬리를 드러내지 않으면서 간신을 제거한다고 하는 것이다."
"生害事, 死傷名, 則行飮食. 不然而與其讎. 此謂除陰姦也."『韓非子·八經』

| 알게 된 내용 |

- 한비자는 형명刑名과 법술法術로 먼저 신하들을 다스리고, 이를 통해 궁극적으로 백성과 나라를 통치할 것을 주장했다.

풀어보기

● 『한비자韓非子』

　전국戰國시대 말기 법가 사상가인 한비자韓非子의 저술이다. 이 책은 한비자가 죽은 다음 전한前漢 중기에 지금의 형태로 정리된 것이다. 법가 사상을 대표하는 저작인 이 책의 내용은, 군주는 공론公論에 귀를 기울이지 말고 끊임없이 상황에 맞는 법을 펼 것이며, 관리들의 평소의 태도를 감독하여 상벌을 시행하고, 농민과 병사를 아끼고 상공商工을 장려할 것 등이다.

중국사상가 ⑯ 郭象

· **중국사상가 ⑯**

　곽상(郭象): ?~312. 진대(晋代)의 현학자(玄學者). 신도가(新道家) 사상가로 『장자(莊子)』의 주석서인 『장자주(莊子注)』를 썼다고 알려져 있다.

대일통大一統사상의 유래와 의미

알아 볼 내용

· 대일통大一統사상의 발생 배경과 의미

---

1. "대일통"의 의미

"대大"는 중시 혹은 존중의 뜻으로 크게 드높인다는 의미이다. "일一"은 가장 위대한 한 사람, 즉 주周나라의 천자天子를 말한다. 그렇다면 "일통一統"은 천하의 제후들이 주천자周天子에게로 통일됨을 의미하는 것이다. 따라서 "대일통大一統"은 천하가 주천자周天子에게로 통일됨을 드높이는 뜻이 된다.

2. "대일통"의 어원

대일통이란 말은 『춘추春秋』의 한 문장에 대해 『춘추春秋』의 해석 가운데 하나인『춘추공양전春秋公羊傳』의 풀이에서 나왔다.『춘추春秋』의 경문經文은 다음과 같다.

"원년元年 봄 천자天子의 정월正月이다."
"元年, 春, 王正月."『春秋·隱公元年』

이에 대한『춘추공양전春秋公羊傳』의 전문傳文은 다음과 같다.

"원년元年이란 무엇인가. 군주가 시작하는 역曆이다. 춘春이란 무엇인가. 한해의 시작이다. 왕은 누구를 말하는가. 문왕文王을 이른다. 어찌 왕을 언급한 이후에 정월을 말하는가. 왕의 정월이기 때문이다. 어찌 왕의 정월을 말하는가. 천하가 주천자周天子에게로 통일됨을 높이는 뜻이다."
"元年者何, 君之始年也. 春者何, 歲之始也. 王者孰謂, 謂文王也. 曷爲先言王而後言正月, 王正月也. 何言乎王正月, 大一統也."『春秋公羊傳·隱公元年』

3 "대일통" 사상의 재등장

그런데 서주西周시대의 이러한 대일통 관념이 서한西漢시기 무제武帝 때에 다시 등장하게 된다. 이번에 이 대일통을 거론한 이는 동중서董仲舒였다. 먼저 그 배경을 보자. 한漢 고조高祖의 건국 이래 한무제漢武帝에 이르는 6~70년간 경제가 회복되고 발전함으로써 국력이 강성해졌고, 한초漢初에 표방했던 무위이치無爲而治의 황로黃老사상은 이제 더 이상 새로운 정치 환경에 적용할 수 없게 되었으며, 이에 따라 통치자는 새로운 통치사상의 체계를 필요로 하게 되었다.

이러한 국면에서 동중서董仲舒는 강력한 천하통일의 중앙집권이 이미 대세가 되었다고 판단하고, 유가경전을 끌어다가 중앙집권의 통치논리를 제공하였다. 그는 한무제漢武帝에게 대일통사상이야말로 최고의 진리로서 반드시 따라야만 할 법칙이라고 주장하였다. 그가 말한 대일통사상의 정치적 의미는 바로 중앙집권과 황제 일개인으로의 권력집중과 강화이다. 그래서 군주에 대해서는 절대적으로 존중할 것을 강조했다.

"임금은 나라의 으뜸이다."
"君人者, 國之元也."『擧賢良對策』

또 그는 황제와 신하의 관계 및 중앙과 제후의 관계에 대해서도 명확히 선을 그었다.

"강한 줄기와 약한 가지, 큰 근본과 작은 말단."
"强幹弱枝, 大本小末."『擧賢良對策』

사상적 측면에서의 대일통은 "파출백가罷黜百家, 독존유술獨尊儒術"로 귀결된다. 동중서는 사상을 하나로 통일해야만 통치의 효율성이 극대화된다고 보았던 것이다.

> 알게 된 내용
> - 대일통大一統 사상의 재등장은 통치 효과를 극대화하기 위해 제기된 것이다.

풀어보기

● **주천자周天子**

　은殷·주周의 왕을 천자天子라고도 불렀는데, 이것은 많은 신神들 가운데 최고의 신인 하늘의 아들이라는 자격으로 천하를 지배했다는 중국인들의 믿음에서 유래한 것이다. 주대周代의 최고신은 "천天"이었다. 주나라 사람들이 숭배한 천天은 우주 삼라만상을 창조한 조물주·천지자연의 법칙을 운행하고 인간사를 제어하는 주재자·천벌을 내리는 불가항력적 존재·덕 있는 사람에게 천명天命을 내리는 절대신이었다. 이러한 천天의 아들인 천자天子는 바로 천하 만민의 통치자인 것이다.

● **『춘추春秋』**

　오경五經의 하나로서 최초의 편년체編年體 역사서이다. 춘추시대 노魯나라 은공隱公부터 애공哀公에 이르는 12공公 242년간의 기록을 담고 있다. "춘추春秋"라는 것은 춘하추동春夏秋冬에서 따온 1년간이란 뜻으로, 연대기年代記를 의미한다. 하夏는 춘春에, 그리고 동冬은 추秋에 포함된다. 『춘추』는 본래 노나라 사관史官이 기록한 궁정연대기宮廷年代記였는데, 공자孔子가 이를 유가적 역사의식과 가치관을 가지고 필삭筆削하였다 한다.

● 동중서董仲舒

중국 전한前漢 때의 유학자로 무제武帝가 즉위하여 인재를 구할 때 현량대책賢良對策을 올려 인정을 받고, 전한前漢의 새로운 문교정책에 참여하여 유가중심의 국가정치를 확립하는데 영향을 미쳤다.

● 무위이치無爲而治

억지로 함이 없이 다스려 백성들과 더불어 하는 정책을 말한다. 한漢왕조가 집권하여 통치함에 있어서 주요 과제는 사회를 안정시키는 일이었는데, 이전의 왕조인 진秦왕조가 엄격한 법가사상으로 사회위기를 더욱 심각하게 했던 것을 반성하여, 농민에 대한 경제적 착취를 완화하고 조세를 경감하는 등의 정치를 펼쳤다.

- 중국사상가 ⑰

공영달(孔穎達): 574~648. 당(唐) 초기의 학자.『수서(隋書)』및『오경정의(五經正義)』170권을 공동 편찬하였다.

유학을 신학화神學化한 한대漢代철학

알아 볼 내용
- 동중서가 제기한 대책對策의 내용
- 한대漢代 독존유술獨尊儒術의 배경과 내용
---

1 천인삼책天人三策

① 천인삼책의 의미

한漢은 무제武帝 때에 이르러 경제적으로도 융성했을 뿐 아니라 정치적으로도 강력한 중앙집권의 기틀이 확립되었다. 이에 한무제漢武帝는 국가제도를 새롭게 개혁함으로서 통치력을 더욱 강화하려 하였다. 이러한 목적으로 그는 신하들에게 제도개혁의 이론적 근거가 될 수 있는 대책을 마련해 올리라고 세 차례의 책문策問을 내렸다. 동중서董仲舒가 명을 받들어 올린 세 편의 대책이 바로 천인삼책天人三策이다. 동중서는 이 글에서 주로 "하늘과 인간의 상관관계[天人之際]"에 대하여 논술하였기 때문에 천인삼책이라 불리게 되었다.

② 첫 번째 내용

한무제가 첫 번째로 제기한 책문策問은 모든 일의 원칙이 될 "대도大道의 요점을 듣고자 한[欲聞大道之要]"것이었다. 이는 중요한 요강要綱을 알아야 세부적이고 광범위한 일의 내용을 파악할 수 있다는 의미이다. 아울러 천天과 인人의 관계에 대한 문제제기도 있었다.

"삼대三代의 왕조가 각각 천명天命을 받았는데, 그 징조는 어디에 있는가? 재난과 이변은 왜 일어나는가?"
"三代受命, 其符安在. 災異之變, 何緣而起."『漢書・董仲舒傳』

이에 대한 동중서의 대책對策은 다음과 같다. 천재지변과 인간사는 서로 연관되어 있는데, "자연과 인간의 관계는 매우 두려워할 만한 것[天人相與之際, 甚可畏也]"이다. 황제皇帝는 천명天命을 대표하여 인간을 통치하는 자이며, 재난과 이변 등의 형식으로 나타나는 "천견天譴[하늘의 견책]"은 인간사人間事가 천도天道에 부합하지 않는 것에 대한 하늘의 경고이다. 이러한 동중서의 견해는 군권신수君權神授와 천인감응天人感應론을 말한 것이다.

③ 두 번째 내용

두 번째 책문에서 한무제는 상고上古시대의 치도治道와 당시의 치도治道와의 차이점을 물었다. 그는 동중서에게 이 문제를 열심히 규명하여 자신의 뜻에 맞는 답을 제시하도록 요구하였다.

동중서는 대책에서 법치法治를 현재 실행해서는 안 되며 문덕文德으로 천하를 다스려야 함을 언급하였다. 또한 "태학太學을 일으켜서 훌륭한 선생을 두고 천하의 선비를 양성[興太學置明師以養天下之士]"함으로써 통치에 필요한 인재를 양성할 것을 건의하였다.

④ 세 번째 내용

마지막 세 번째 책문에서 한무제는 자연과 인간의 감응[天人感應]에 관한 문제를 제기하여, 나라를 다스리는 도道와 치란治亂의 원인에 대한 답변을 요구하였다. 동중서는 이에 "대일통大一統"의 논지를 말하며 사상의 통일을 주장하였다.

"『춘추春秋』의 대일통大一統은 천지天地의 항상 된 법칙이고 고금古今
의 보편적인 마땅함이다."
"春秋大一統者, 天地之常經, 古今之通誼."『漢書·董仲舒傳』

"육예六藝의 과목이나 공자孔子의 학술에 들어 있지 않은 것은 모두 그 도를 끊어버려 활용되지 못하도록 하여야 한다. 사악하고 한쪽에 치우친 말들이 모두 사라진 후에 기강이 잡히고 법도가 명확해져서 백성들이 따라야 할 바를 알게 될 것이다."

"諸不在六藝之科, 孔子之術者, 皆絶其道, 勿使幷進. 邪僻之說滅息, 然後統紀可一而法度可明, 民知所從矣."『漢書·董仲舒傳』

이러한 주장은 "유학儒學의 도道만을 홀로 높이고 백가百家를 내치는 [獨尊儒術, 罷黜百家]" 무제武帝의 정책에 이론적 근거를 제공한 것이다.

2 유학의 신학神學화

① "독존유술獨尊儒術, 파출백가罷黜百家"설의 배경

백가百家를 내치고 유학만을 홀로 높이는 정책은 한무제 시기에 시행된 전제적專制的 문화정책이었다. 서한西漢 초기의 통치자는 진秦왕조가 멸망한 역사적 교훈을 바탕으로 "무위이치無爲而治"를 주장하는 황로黃老사상을 통치사상으로 채택함으로써, 백성들이 휴식을 취하고 사회경제의 신속한 회복과 발전을 꾀하는 것에 주력하였다. 이로부터 정치적 통일과 경제적 발전이 이루어져, 한무제 때에 이르러선 중앙집권적 대일통大一統의 대세가 형성된 것이다. 한무제는 즉위한 후 유가사상에 의한 정치를 통치기반으로 삼았는데, 이는 동중서董仲舒의 대책으로부터 이론적 기반을 얻은 것이었다.

경제가 발전하고 정치적 환경이 변화한 상황은 통치자로 하여금 한초漢初의 무위無爲를 유위有爲로, 무욕無慾정치를 다욕多慾정치로 바꾸게끔 하였다. 이러한 과정에서 정치적 대일통이 대두되었는데, 이러한 정치적 대일통은 필연적으로 사상적 대일통을 필요로 하게 되었다. 군주의 입장에선 획일화된 이데올로기야말로 가장 중요한 통치도구이기 때문이다. 동중서는 이에 정치적, 사상적으로 왕권통치를 강화하려는 한무제로 하여금 "파출백가, 독존유술"의 정책을 선택케 함으로써, 유가가 한대漢代의 통치사상이자 지배이데올로기가 되도록 하였다.

② "독존유술獨尊儒術, 파출백가罷黜百家"설의 결과

"독존유술, 파출백가"의 문화적 전제주의專制主義는 당시 한漢왕조의 중앙집권통치를 강화하는 이론적 지지기반이 되었다. 유가사상은 한편으로는 통일왕조의 사회적 안정에 기여하였으며, 이를 토대로 중국사회가 변화·발전할 수 있는 기반을 제공한 측면이 있다.

그러나 이후 공자가 소왕素王으로 추존됨으로써 절대적 권위를 획득하게 되었고, 통치자들은 정권의 힘을 빌려 유가사상의 법전화·신비화·교조화를 추진하였는데, 이러한 점들은 이후 중국의 사상문화 발전에 정신적인 족쇄가 되었다. 궁극적으로 이러한 문제점은 중국사회가 근대에 이르렀을 때 드러나게 되었다. 유가사상을 핵심으로 하는 이른바 봉건사상은, 근대의 중국이 외세와 근대화라는 외부적 환경에 적절하게 대응하지 못하게 했던 한 원인이 되었던 것이다.

알게 된 내용

- 천인감응적 세계관을 바탕으로 한 동중서는 대책은 군주의 중앙통치권 강화를 위해 제기된 것이다.
- "독존유술獨尊儒術, 파출백가罷黜百家"설은 긍정적·부정적 결과 모두를 낳았다.

풀 어 보 기

● 천견天譴

군주의 정치적 실패에 대하여 하늘이 재난과 이변으로써 견책譴責·경고한다는 설이다. 한대漢代에는 일식·가뭄·홍수·화재·지진 등 자연계의 이변 현상이 실정失政과 같은 인간세상의 일과 밀접하게 연관되어 있다고 여겼다. 자연계의 재난과 이변의 상황을 위정자爲政者의 실정에 대한 하늘의 견책이며 경고라고 본 것이다.

● 천인감응天人感應

하늘과 인간은 같은 종류[同類]이며, 동류는 서로 감동[相應]하고, 이러한 상호 감동은 기氣의 작용으로 말미암아 가능하다는 설이다. 이러한 사상체계는 당시 유행한 음양오행설陰陽五行說이라는 기본구조를 바탕으로 하늘과 인간의 관계를 중심으로 수립되었다.

● 육예六藝

육경六經과 같은 말이다. 『역경易經』·『서경書經』·『시경詩經』·『춘추春秋』·『예기禮記』·『악경樂經』을 이르는 것으로 사대부의 기초적 교양에 필요한 중요 교과목이었다.

● **소왕素王**

공자를 가리키는 말이다. 글자 뜻은 "작위爵位가 없는 왕"이다. 처음에는 공자를 특별히 칭하는 것이 아닌, 『장자莊子·천도天道』 등의 용례에서와 같이 덕이 있으면서도 처지가 궁박하여 하위에 있는 성인聖人을 두루 칭하는 말이었다. 그러나 한대漢代에 이르러 독존유술獨尊儒術의 국가정책이 확정되고 공자를 극도로 존숭하는 기풍이 일어나게 되자, 이 말은 공자에게만 사용하게 되었다.

중국사상가 ⑱ 慧能

• 중국사상가 ⑱

혜능(慧能): 638~713. 당대(唐代)의 승려. 중국 선종(禪宗)의 제6조(祖)로서, 육조대사(六祖大師)라고도 한다. 속성은 노(盧), 시호(諡號)는 대감선사(大鑑禪師). 그의 설법을 기록한 것이 『육조단경(六祖壇經)』이다.

위진현학魏晋玄學에서의 명교名教와 자연自然의 관계

알아 볼 내용
- 현학玄學의 기원과 발전과정
- 위진현학魏晋玄學에서 명교名教와 자연自然의 관계

1 현학玄學의 기원

① 청의淸議

청의淸議는 동한東漢시기의 청류지사淸流之士들이 같은 부류들을 칭찬하고 사악한 무리들을 비난하던 일종의 사회적 여론이었다. 이것은 당시 환관宦官과 외척外戚에 반대하는 정치투쟁에 일정 정도 기여한 바가 있었지만, 투쟁이 실패하자 청류지사淸流之士들의 실제적인 의론議論은 추상적 개념에 의지한 담론으로 변하게 되었다. 즉 인물의 됨됨이와 당시의 구체적 사건을 따지던 명백한 언론은 품성과 식견의 정도를 나타내는 모호한 담론으로 변모하게 된 것이다. 이로부터 청의淸議는 청담淸談으로 변하였다.

② 청담淸談

청담淸談은 위진남북조魏晉南北朝 시대의 사대부들이 실질적인 공功과 업적은 경시하면서 다른 한편으로 식견識見을 중시하고 명리名理를 분석함으로써 심오한 정신경계에 도달하려던 풍조였다. 일반적으로 청담을 일삼는 자들은 허무를 숭상하고 세상에 관한 일을 방기한다고 여겨진다. 그러나 청담이 실질에서 이탈하고 있음은 분명하지만, 그렇다고 단순한 공담空談에 그친 것만은 아니다.

청담의 내용은 네 가지 종류로 나눌 수 있다. 첫째는 철리哲理에 대한 담론이다. 주로 "삼현三玄[『老子』·『莊子』·『周易』]"의 철학사상, 즉 유무有無·본말本末·일다一多·재성才性·언의言意·자연명교自然名敎·내성외왕內聖外王·왕도패도王道覇道 등의 문제에 대하여 깊이 있는 논의와 치열한 논쟁이 장기간에 걸쳐 진행되었다.

둘째, 경의經義에 대한 담론도 토론 내용 중의 하나였다. 현학가玄學家들은 『주역周易』·『시詩』·『서書』·『예禮』·『춘추春秋』·『논어論語』·『효경孝經』 등 유가경전의 천도天道와 성명性命 등을 청담적 요소로 해석하였다. 이러한 풍조의 영향으로 청담적 성격을 띤 유가경전이 날로 증가하게 되었다.

셋째, 인물에 대한 비평 또한 청담의 하나였다. 구품중정제九品中正制와 관계된 인물의 재능과 덕망을 논평하는 과정에 있어서, 동류同類끼리는 서로 돕고 다른 부류끼리는 공격하는 경향을 보였다. 당시 인물 평가에 관련된 내용은 덕행·언어·정사政事·문학 등 서른여섯 가지 부문으로 나뉘어『세설신어世說新語』에 전해진다.

넷째, 동진東晋 남조南朝의 불교 고승高僧들은 불교를 전파하기 위해 청담의 언어를 사용하였다. 그들은 청담으로 불교의 공空과 무無를 설명하였고, 청담가淸談家의 생활습관을 모방하여 사대부에게 접근하였다. 당시 명승名僧들은 불교의 내용으로 "삼현三玄"을 담론하였으며, 현학가玄學家들은 불교의 이치를 현담玄談과 혼용하여 새로운 지평을 개척하기도 하였다. 이에 청담가와 고승은 서로 왕래하며 학문을 연마하였다.

이러한 청담은 한유漢儒들이 경전에 주석을 달던 것과는 전혀 다른 방식이었기에, 연령의 노소老少·관직의 고하高下·재부財富의 다과多寡·덕망의 경중輕重에 관계없이 많은 이들이 평등하게 청담에 참가하였다. 한 사람이 의견을 내놓으면 다른 사람들과의 논변과정을 반복하여 매듭을 짓고, 한쪽이 승복하게 되면 그의 등급을 정하는 방식이었다. 그들의 언어는 간결하면서도 핵심을 찌르는 것이었다.

③ 현학玄學의 탄생

조위曹魏시대에 이르러 청담은 현학玄學의 탄생을 촉진하였다. 당시 경제는 피폐하고 도시는 붕괴되었으며, 장원莊園은 날로 많아지고 지역 간

경제적 연관은 점차 미약해졌으며, 화폐는 폐기의 위기에 놓였다. 이러한 상황 속에서 호족豪族들은 자신들의 이익 보호를 위해 군주의 무위無爲와 문벌의 전권專權을 주장하게 되었다. 이러한 혼란과 더불어 사마씨司馬氏가 조위曹魏를 대체할 즈음 정국의 변화는 더욱 복잡해지자 벼슬을 하던 사대부들의 명운은 극과 극을 달렸다. 사대부들은 화복禍福이 수시로 변하는 현실에 염증을 느꼈으나 그렇다고 적극적인 분투奮鬪로 세상을 바로잡을 용기도 없었다. 그래서 그들은 세상의 재난과 화禍를 피하기 위해 실제적이지 않은 일과 의미 없는 인물평가 등을 담론함으로써 세상으로부터 멀어지려 했던 것이다. 그리하여 마침『노자老子』의 소극적인 무위無爲사상 및 인의예법仁義禮法에 대한 멸시, 『장자莊子』의 소요자족逍遙自足과 시비是非를 따지지 않는 초탈, 그리고『주역周易』의 신비함 등은 그들에 의해서 새로운 가치를 부여받게 된 것이다. 종국에는 양생養生과 신선이 되는 법을 중시하고 장수와 부귀영화를 추구하기는 데까지 이르게 되었다. 이러한 내용이 위진현학魏晉玄學의 탄생에서부터 결말에 이르는 과정이다.

2 현학玄學에서의 명교名敎와 자연自然

① 명교와 자연의 의미

현학의 대표적 주제는 명교名敎와 자연自然에 관한 논변이다. 명교는 윤리도덕과 정치제도 등의 총칭이고, 자연은 도가가 주장한 무위자연無爲自然의 원칙으로 외재적인 어떠한 인위적 행위도 더하지 않고 그 본연에 맡긴다는 뜻이다. 명교의 기능은 궁극적으로 전제주의 황권皇權을 수호하는 것이었다. 그러나 동한東漢의 원제元帝 이후부터 황권이 쇠퇴하게 되자 국가의 기강과 체제를 유지하던 명교는 그 기능을 상실하게 되었고, 이에 왕조체제를 위협하는 농민투쟁이 일어나는 지경이 되었다.

이러한 상황 속에서도 고대중국은 봉건왕조사회였기에 여전히 황권체제를 유지할 수 있는 명교名敎가 필요하였다. 이에 위진魏晉사상가들은 새로운 이론으로써 강상명교綱常名敎의 필연성과 합리성을 논증하는 것을 자신들의 과제로 삼았다.

② 왕필王弼의 사상: "명교는 자연에 근본 한다.[名敎本於自然]"

왕필王弼은 자연이 명교의 근본이며 명교는 자연의 필연적인 표현이라고 여겼다. 그는 명교와 자연의 관계를 "본말本末"·"모자母子"·"체용體用" 등의 범주에 연계하였다. 본本·모母·체體는 시공을 초월한 무형무명無形無名의 본체로서의 "무無"이며, 말末·자子·용用은 유명유형有名有形의 구체적 존재사물인 "유有"로 본 것이다.

"만물은 자연을 본성으로 삼는다. 그러므로 자연으로부터 말미암을 수는 있어도 그것을 억지로 마음대로 할 수 없고, 그것과 통할 수는 있어도 붙들 수는 없는 것이다."

"萬物以自然爲性, 故可因而不可爲也, 可通而不可執也."『老子・29章』注

모든 "유有"는 자연으로부터 나온 것인데, 그것은 천지만물 뿐 아니라 정치제도와 강상명교綱常名敎 등도 포괄하는 것이라 하였다. 궁극적으로 명교는 자연과 연결되는 것이기에, 명교의 존재는 필연적이고 합리적일 뿐 아니라 영원히 지속된다고 왕필은 여겼다. 또한 그는 존비귀천尊卑貴賤이나 상하등급의 신분은 자연의 본질적인 규정이므로 사람들은 모두 자기가 처한 지위와 신분에 만족하여 그 직분을 다하는 것이 바로 "도의 항상 됨[道之常]"이라고까지 생각했다. 타고난 것에 대해 인위적인 변경을 시도하는 것은 아무런 효과도 없는 헛된 일이라는 것이다.

"자연의 본질이란 각각 본분이 정해져 있는 것이다. 짧은 것이라고 부족한 것이 아니고, 긴 것이라고 남는 것이 아니다. 손익에 장차 무엇을 더할 것인가. 그것은 도道의 항상 됨이 아니다."

"自然之質, 各定其分. 短者不爲不足, 長者不爲有餘, 損益將何加焉, 非道之常."『周易・損卦』注

이러한 내용들이 바로 "명교는 자연에서 근본 한다."는 말의 목적이다. 왕필의 주장은 철학사적 면에서 볼 때 유가와 도가를 융합한 것으로 이해할 수 있다. 하지만 그가 도가의 무위자연無爲自然을 흡수하여 유학의 강상명교를 수호하려 했음에도 불구하고, 객관적 효과 면에서는 오히려 도가를 높이고 유가를 낮춘 격이 되었다.

③ 혜강嵇康의 사상: "명교를 초월하여 자연에 맡긴다.[越名敎而任自然]"

혜강嵇康은 왕필의 문제점을 파악하고 도가의 입장에 서서 유가를 공격하여 "명교를 초월하여 자연에 맡긴다.[越名敎而任自然]"라는 이론을 제기하였다. 혜강이 말하는 자연은 왕필의 그것과는 달리 인위적 수식을 보태지 않은 인간의 진실한 본성을 뜻한다.

> "군자의 행동은 각양각색이어서 길을 달리 하는 듯하지만, 귀착하는
> 바는 같다. 본성을 좇아 움직여 각각 편안한 바를 따르는 것이다."
> "君子百行, 殊途而同歸, 循性而動, 各附所安."『與山巨源絶交書』

이 글의 의미는 군자는 그 행위는 다양하나 인간의 진실한 본성에 따르는 공통된 준칙을 가지고 있다는 것이다. 그는 유가의 예악인의禮樂仁義가 인간의 자연적 본성과 위반됨을 지적하며, 명교는 자연에서 나온 것이 아닌 당대의 집권 통치자가 의도적으로 만들어낸 것이라 생각했다. 이러한 혜강의 사상은 유가적 명교정치에 대한 공격이며, 도가의 자연무위를 존숭하는 것이다. 아래의 말을 통해 혜강의 입장을 확연히 알 수 있다.

> "노자老子와 장자莊子는 내 스승이다."
> "老子莊周, 吾之師也."『與山巨源絶交書』

> "성인聖人인 탕湯왕과 무武왕을 비난하고 주공周公과 공자孔子를 깎아 내렸다."
> "非湯武而薄周孔."『與山巨源絶交書』

유명한 죽림칠현竹林七賢 가운데 하나였던 혜강은 결국 "탕왕과 무왕을 비난하고 주공과 공자를 깎아 내렸다."라는 이 말이 죄목이 되어 죽임을 당하였다.

④ 곽상郭象의 사상: "명교가 바로 자연[名敎則自然]"

다시금 명교名敎를 옹호하는 곽상郭象이 등장하여 "명교가 바로 자연[名敎則自然]"이라는 논지를 제기하였다. 이는 왕필의 모순을 보충하는 것이기도 한데, 이로써 명교와 자연에 대한 위진현학의 논쟁은 조그만 결론에 도달하게 되었다. 곽상이 말하는 자연은 왕필이 말하는 바의 모든 "유有"를 낳는 본체로서의 자연도 아니고, 혜강이 뜻하는 바의 명교名敎 밖의 인성人性으로서의 자연도 아니다. 곽상이 이해하는 자연이란, 현존하는 일체의 것은 모두 합리적이라는 것이다.

> "신첩臣妾의 재주를 가지고 있으면서 신첩의 임무에 만족하지 않으면 잘못된 것이다. 그러므로 군신君臣·상하上下·수족手足·내외內外를 아는 것이 바로 천리天理요 자연이다."
> "臣妾之才而不安臣妾之任, 則失矣. 故知君臣上下手足外內, 乃天理自然."『莊

子·齊物論』注

이 말은 현실적인 군신君臣과 상하上下의 명분이 바로 본래의 천리天理
요 자연이기에 절대 합리적인 것이라는 뜻이다. 그래서 명교가 규정하고
있는 바에 따라 각자가 자신의 위치를 깨닫고 그 직분을 지키는 것이 절
대로 필요하다는 논리다. 자연은 합리적인데, 명교가 곧 자연이므로 명교
는 절대 합리적이라는 것이다. 곽상에 의해서 명교와 자연의 내재적 통일
이 완성된 것이지만, 다른 한편 그러한 논리는 정권의 안정에 아주 효과
적으로 부합하는 것이었다.

3 위진현학의 특징과 평가

명교와 자연의 관계에 관한 위진현학의 논쟁은 어떻게 보면 명교와 자
연의 모순을 조화시키려는 노력이었다. 도가의 자연무위사상은 유가의
강상명교에 하나의 이론적 기초를 제공하였다. 선진시기에 유가는 명교名
敎를 중시하고 도가는 무위無爲를 말하여 서로의 대립이 뚜렷했으나, 명
교와 자연에 관한 위진현학의 논변에서 양자는 상호 보충·융합되었다.
한편 현학玄學은 도가의 철학적 내용으로써 한말漢末에 위기에 봉착한 유
가적 강상명교를 새롭게 거듭날 수 있도록 하였으며, 당시 통치자에게는
정권유지와 강화를 위한 가장 훌륭한 이론을 제시했다는 점에서도 그 의

미를 찾을 수 있다.

> **알게 된 내용**
> · 위진현학은 유가중심의 획일화된 사고를 대체할 새로운 개념으로 등장했다.
> · 하지만 위진현학은 궁극적으로 새로운 이론으로 강상명교綱常名敎의 필연성과 합리성을 논증하였다.

풀어보기

● 왕도패도王道覇道

왕王·패覇에 대한 논설은 중국 전국戰國시대의 맹자孟子에 의해서 주장된 것이다. 고대 성왕聖王의 덕화德化에 의한 정치를 왕도王道라 부르는 데 대하여, 천자天子의 힘이 쇠미해진 춘추시대 이후부터 패자覇者와 힘이 있는 제후諸侯가 실력으로 제후와 백성을 통제하려고 하는 정치를 패도覇道라 불렀다.

● 구품중정제九品中正制

특정 지역의 인물평에 근거하여 민간에 있는 사람을 관리로 임명하는 제도이다. 그 지방에서의 평가가 관직을 맡을 수 있는지의 여부 및 관직의 고하에 영향을 미쳤다.

● 왕필王弼

하안何晏과 함께 위진현학魏晉玄學의 시조로 일컬어진다. 한漢의 상수象數〔卦에 나타나는 형상과 변화〕나 참위설讖緯說〔예언학의 일종〕을 물리치고 의義와 이理의 분석적·사변적思辨的 학풍을 창설하여 중국의 관념론체계에 영향을 끼쳤다.

● 곽상郭象

　여러 관직을 역임한 후, 만년에 사마월司馬越(동해왕)의 대부주부大傅主簿가 되어 권세를 잡았다. 자신이 추구한 장자莊子의 근본원리에 따라 『장자주莊子注』 33권을 정리하고 주석을 달았는데, 그 해석을 통하여 계층적 신분질서를 천리天理로 인정한 명교자연론名敎自然論을 전개하였다.

• **중국사상가** ⑲

한유(韓愈): 768~824. 당대(唐代)의 문학자・사상가. 자(字)는 퇴지(退之), 시호(諡號)는 문공(文公). 유가사상을 존중하고 도교・불교를 배격하였으며, 송대(宋代) 이후의 도학(道學)의 선구자가 되었다.

불교의 중국전래 후 중국철학에 끼친 영향

알아 볼 내용

· 불교의 중국 전래과정과 중국문화와의 융합과정
· 불교가 중국철학 발전에 끼친 영향
---

1 불교의 중국전래

한漢 명제明帝가 서기 64년에 꿈에서 부처를 보았다. 이러한 꿈에 자극받아 그는 서역西域에 사신을 파견하게 되었다. 그로부터 3년 후 채음蔡愔 등 18명의 사신들은 서역에서 가섭마등迦葉摩騰과 축법란竺法蘭이란 두 승려와 더불어 불상佛像과 경전經典을 가지고 백마白馬를 타고 낙양洛陽으로 귀환하였다. 명제明帝는 이들을 위해 백마사白馬寺란 중국 최초의 절을 세웠고, 두 승려는 거기서 『사십이장경四十二章經』을 번역하였다. 이로부터 비로소 불교가 한漢나라에 전파되기 시작한 것이다.

2 중국문화와의 융합과정

① 전입기: 東漢~東晉

외래문화인 불교가 중국에서 뿌리를 내리고 나아가 발전하기 위해서는 먼저 본토의 주류문화에 의탁해야만 했다. 불교가 막 전래되었을 당시 한대漢代에는 도술道術에 크게 의존하고 있었다. 그래서 학승學僧들은 도가道家의 개념으로 불교의 전문용어를 번역하게 되었다. 그래서 처음에는 사람들이 불교 학설을 도술의 일종으로 파악하기도 하였다.

불교는 위진魏晉시대에는 현학玄學에 의탁하게 된다. 현학이 학술문화의 주류가 되자, 현학으로써 불교를 해석하게 된 것이다. 예컨대 동진東晉 초의 반야학般若學은 현학사상을 빌어 공유空有관계의 이론을 밝힌 바 있다.

② 독립기: 南北朝~隋唐

남북조시기에 이르러 불교는 독립기반을 갖추게 되었다. 불교의 중국화 과정은 곧 불교와 중국본토문화의 결합을 의미한다. 예컨대 혜원慧遠은 민간의 영혼불사靈魂不死설과 유가의 윤리사상을 불교의 인과응보因果應報설과 결합함으로써 불교와 본토문화와의 결합을 꾀하였다. 이처럼 한편으로는 인도불교의 이론을 계승하면서도 다른 한편 중국전통문화의 정수를 흡수함으로써 불교의 중국화는 완성되었다. 이로부터 천태天台・화엄華嚴・선종禪宗 등 중국화 된 불교종파가 출현하였다. 이들 종파는 특히 전통사상의 주류인 유가사상과의 융합에 노력한 결과의 산물이기도 하다. 천태종의 우주만물은 자기 생각 속에 있다는 "일념삼천一念三千"의 교리와 맹자의 소위 "만물이 모두 나에게 갖추어져 있다.[萬物皆備於我]" 는 주장은 상통한다. 또 화엄종의 "모든 사물은 두루 통하고 상호 인연에 의해 생긴다.[萬法融通, 互爲緣起]"는 설은 "천인합일天人合一"설과 역시 통하는 바가 있다. 선종의 "자기 본성이 곧 부처[自性是佛]"라는 말도 유가가 중시하는 내성수양內省修養과 알게 모르게 상통하는 것이다. 이처럼 중국화 된 불교의 기본 특징은 첫째, 인도에서 중시하는 출세出世적인 불교와는 다른 입세간入世間적인 인간화人間化이며, 둘째, 불교의 대중화・현실화・이성화라고 할 수 있다.

③ 융합기: 隋唐~宋明

중국 토착화를 이룬 불교는 이제 거꾸로 중국문화에 침투하게 된다. 중국의 문화와 예술에 대해서 뿐 아니라 민중의 일상생활과 민간풍습이나 사고방식에 대해서도 불교의 영향은 상당하였다. 그렇지만 당시 정치적 이데올로기 뿐 아니라 민간의 잠재의식이란 측면에서도 유가의 지배력은 강력하였기 때문에 불교의 이러한 영향력은 결국 유가문화와의 협조와 융화의 산물이라 할 수 있다. 한편 이러한 유가와 불교의 상호 교류는 유가학설의 근본에 큰 변화를 일으키게 된다. 바로 불학佛學에서 자양분을 섭취한 송명이학宋明理學의 발생이 그것이다. 불교와 송명이학의 상관관계는 중국철학사에 있어 획기적인 중대한 사건이다. 우주의 본체이자 만물의 법칙과 규율인 이학理學에서의 이理는 불변하는 만물의 진실상眞實相으로서의 불교의 진여眞如와 다를 바가 없다. 또한 이학理學의 이일분수理一分殊와 불교의 월인만천月印萬川은 표현만 다를 뿐 양자의 의미와 의도는 역시 똑같다. 이학理學을 신유학新儒學이라 부르는데, 여기서의 "신新"의 의미는 결국 불교의 영향에 의한 개조와 발전을 뜻하는 것이라 할 것이다.

3 불교와 중국철학의 발전

원래 불교는 출가하여 세속을 떠나는 것이므로 유교적 인륜과 충돌하는 것이었다.

"군주를 버리고 아비를 배반하여, 인륜이 끊어졌다."
"棄君背父, 人倫滅盡."『朱子語類』卷126

또한 사원寺院경제의 발달은 통치의 재원과 인력자원을 약화시켜 국가발전에 장애를 일으키는 요인이 되었다. 이러한 요인들 때문에 이학理學

은 불교와 도가를 흡수하면서도 특히 불교를 비판하였다. 그러나 이미 불교의 교의敎義는 유학의 내용이 신유학新儒學이라 불리게 될 정도로 유가학설의 내면 깊이 들어와 있었다. 불교에 의해 인격신으로서의 고대 천天 관념은 이理와 심心으로 대체되었다. 이학理學과 심학心學은 모두 화엄종과 선종의 영향을 깊이 받았다. 불교는 이처럼 송명이학의 학술이론 형성과 발전에 영향을 주었을 뿐 아니라 사대부들의 실의失意를 달래주는 정신적 위안처의 역할을 하기도 하였다.

알게 된 내용

- 중국에 전래되어 온 불교는 토착문화와 융합하여 중국화中國化 되었다.
- 중국화 된 불교, 특히 선종은 송명이학의 형성과 발전 및 중국문화에 많은 영향을 끼쳤다.

풀 어 보 기

● **인과응보因果應報**

　과거 또는 전생에 있었던 선악善惡의 인연에 따라서 뒷날 길흉화복의 갚음을 받게 됨을 이르는 불교용어이다. 불교에서 말하는 인과因果란 인연과因緣果인데, 인因은 주체적 요인이고, 연緣은 외부환경이며, 과果는 결과로 해석할 수 있다. 주체와 외부환경의 결합이 결과를 낳는다는 것이다. 간단히 얘기하면 착한 일을 하면 좋은 결과를 얻고, 나쁜 일을 하면 나쁜 결과를 얻는다는 것이다.

● **진여眞如**

　불교에서 진리에 해당하는 말이다. 불교에서는 제법諸法의 실상實相을 나타내고 있는 "있는 그대로"의 존재양식을 진리로 생각한다.

● **월인만천月印萬川**

　하늘에는 다만 하나의 달이 있지만 땅 위의 모든 하천에는 각각 달그림자가 비친다는 의미이다. 주희朱熹가 "이일분수理一分殊"를 설명하기 위해 인용한 불교적 비유이다. 하늘에 있는 하나의 달은 "이일理一"을 가리키고, 모든 내에 비추어진 달그림자는 "분수分殊"를 뜻한다.

중국사상가 ⑳ 柳宗元

• 중국사상가 ⑳

　유종원(柳宗元): 773~819. 중당기(中唐期)의 시인·사상가. 자(字)는 자후(子厚). 유(儒)·도(道)·불(佛)을 두루 참작하고 신비주의를 배격하는 합리주의의 입장을 취하였다. 주요저서로는 『유하동집(柳河東集)』·『외집(外集)』·『보유(補遺)』』등이 있다.

선종禪宗의 사상적 특징은 무엇인가

알아 볼 내용
- 선禪의 의미와 선종禪宗의 발전과정
- 선법禪法의 근거와 방법

1 선禪의 의미와 선종禪宗의 창립

① 선禪이란?

선禪은 범어梵語의 "선나禪那"를 음역하여 간단히 "선禪"이라 부른 것으로, 의역하면 "정려靜慮"가 된다. 정려靜慮란 흐트러진 마음을 고요하게 하여 불교의 이치를 살피는 것 혹은 생각하는 것 등을 가리킨다.

② 선종禪宗의 창립

일반적인 의미에서의 선禪은 불교도가 필수적으로 지켜야하는 "삼학三

學" 혹은 "육도六度"의 하나지만, 선종의 선禪은 선법禪法과 관련하여 특정한 내용과 의미를 갖는다. 선종만의 선법을 추구하는 중국의 선종은 당唐 중기에 창립되어 당 말기와 오대五代에 성행하였으며, 후세에까지 계속 이어져 중국의 사상과 문화에 광범위하게 영향을 끼쳤다.

2 선종 선법禪法의 근거와 방법

① 본성이 곧 부처["本性是佛"]

우리 인간의 심성은 본래 깨끗하므로 자신의 본성을 보면 부처가 될 수 있다. 그러므로 부처가 되는 일은 바깥에서 구할 필요가 없으며 단지 자기의 내심內心으로 향하여 가면 된다. 자기의 본성을 인식하면 바로 부처가 될 수 있기 때문이다.

모든 중생은 이러한 공통적인 본성이 있는데 이를 "진성眞性"이라 한다. 모든 중생이 갖추고 있는 이 진성은 청정淸淨하며, 자연보다 먼저 있었고, 또한 영원히 존재한다. 그리고 진성은 세간에서나 출세간에서나 모든 사물의 본원이며 중생이 부처가 될 수 있는 근거가 된다.

그러나 사람들은 외부사물의 유혹을 받기 때문에 여러 가지 견해를 만들게 된다. 이러한 이유로 외부사물과의 연계에 의해 생기는 "의념意念"은 우리의 청정한 본성을 가리어 밝게 드러날 수 없게 한다. 그렇기 때문에 이 의념意念을 제거하여야만 우리가 본래 가지고 있는 진성이 드러날 수 있다.

② 선종의 선법禪法

선종의 선법은 선정禪定과 지혜를 결합하여 참선 과정 중에서 불교의 최고 진리를 깨닫기를 요구한다. 구체적으로는 "마음에서 마음으로 전달[以心傳心]"하거나 "마음에서 마음으로 불심을 인증[心心相印]"하는 방식으로 진리를 전한다. 이러한 방식은 스승과 제자사이에 마음과 마음으로 서로 각인却印해 주는 방식으로 전수되기 때문에 "조사선祖師禪"이라고도 한다. 또한 이 같은 선禪은 부처에게 있었던 "열반묘심涅槃妙心"이므로 "불심종佛心宗"이라고도 한다.

3 선종의 발전단계

선종은 보리달마菩提達摩로부터 혜가慧可, 승찬僧燦, 도신道信, 홍인弘忍, 혜능慧能으로 발전하였다.

① 초기 선종사상

보리달마의 "이입사행二入四行"설로 대표된다. "이입二入"은 "이입理

入"과 "행입行入"으로 보리달마가 제시한 부처가 되는 두 가지 길이며, "사행四行"은 "행입行入"의 네 가지 방법이다.

이입理入은 "교의教義를 빌어 선종을 깨닫는다.[藉教悟宗]"는 교리教理적인 사고이다. 불경의 가르침을 빌어 중생이 본래 가지고 있는 "참 그대로의 본성[眞如本性]"을 깨달아, 모든 사물에 대한 구별과 집착을 내몰고 자신의 속마음을 장벽처럼 쌓아 꿋꿋이 움직이지 않게 하는 것을 말한다.

행입行入은 선禪의 방법을 간직하는 것이다. 어려움에 봉착하더라도 근심하지 않는 "보원행報怨行"·즐겁더라도 기뻐하지 않는 "수연행隨緣行"·바라는 것이 없는 "무소구행無所求行"·불교의 진리에 비추어 행동하는 "칭법행稱法行" 등 네 가지 방법이 있다.

② 중기 선종사상

신수神秀의 "점오漸悟"설과 혜능慧能의 "돈오頓悟"설로 대표된다. 점오는 중생이 장기간에 걸친 수행을 거쳐 점진적으로 불교의 진리를 인식하게 되어 부처가 될 수 있다는 주장이며, 돈오는 장기간의 수행 없이 순간적으로도 진리를 깨달을 수 있어 부처가 될 수 있다는 주장이다. 결국 혜능의 학설이 득세하여 대대로 전해짐으로써 선종사상의 주류가 되었다.

③ 후기 선종사상

"오가칠종五家七宗"이라는 분파가 있다. "오가五家"는 당唐 말기에서 오대五代에 걸쳐 변천하여 생긴 다섯 파이며, "칠종七宗"은 앞의 오종五宗과 송대宋代에 이르러 임제종臨濟宗에서 갈라져 나온 혜남慧南의 "황룡파黃龍派"와 방회方會의 "양기파楊岐派"를 합쳐 말한다.

오가五家의 다섯 종파는 다음과 같다. 첫째, 위앙종潙仰宗은 영우靈祐와 그의 제자인 혜적慧寂이 창립하였다. 위앙종은 "이사여여理事如如"설을 주장하여, 중생의 본성은 청정무위淸淨無爲하기 때문에 "단도직입單刀直入"해야만 진리를 깨달을 수 있다고 하였다. 둘째, 임제종臨濟宗은 의현義玄이 창립하였다. 임제종은 일단 밖으로 향하는 내달리는 생각을 멈추면 불법을 깨달을 수 있다고 주장했다. 셋째, 조동종曹洞宗은 양가良價와 그의 제자인 본적本寂이 창립하였다. 조동종은 "오위군신五位君臣"설을 주장하였는데, 이를 통해 군君과 신臣으로 비유되는 다섯 종류의 조합을 통하여 우주의 진실한 본체인 "진여眞如"와 구체적인 물질사이의 관계를 서술하였다. 넷째, 운문종雲門宗은 문언文偃이 창립하였다. 운문종은 불교를 배우는 사람의 근기根機에 따라 가르침을 달리 할 것을 말하였다. 다섯째, 법안종法眼宗은 문익文益이 창립하였다. 법안종은 "일체현성一切現成"설을 주장하여, 외부의 사물과 내 마음이 함께 융합한 데 이르러 부처의 지혜를 얻게 된다고 하였다.

이와 같은 혜능 이후의 후기 선종의 특징은 다음과 같이 정리할 수 있다. 첫째, 불교경전을 배척했다. 둘째, 좌선坐禪을 부정했다. 셋째, 신성하다는 우상, 심지어 부처까지도 멸시하였다. 중국의 여러 불교종파 중 선종은 전통불학을 가장 부정하였다. 자기만의 독특한 이론과 실천의 방법을 창출하였다. 선종은 그야말로 완전히 중국화 된 종교인 것이다.

> **알게 된 내용**
> - 중국의 선종은 달마로부터 창립되었으며, 이후 돈오설을 세운 혜능이 선종사상의 주류가 되었다.
> - 선종은 스스로의 독창적인 이론과 실천을 보여준 완전히 중국화 된 종교이다.

풀 어 보 기

● 삼학三學

　계학戒學·정학定學·혜학慧學을 뜻하는 말로, 삼증상학三增上學 또는 삼승학三勝學이라고도 한다. 계戒란 악을 저지르지 않고 선을 닦는 계율戒律을 가리키며, 정定은 심신을 고요히 하고 정신통일을 하여 마음이 산란하지 않게 하는 선정禪定을, 그리고 혜慧는 번뇌를 없애고 진리를 터득하는 지혜를 가리킨다.

● 육도六度

　보시布施·지계持戒·인욕忍辱·정진精進·선정禪定·지혜智慧 등 보살이 수행하는 6가지의 바라밀법을 말하며 육바라밀다六波羅蜜多라고도 한다. 보시布施란 단나바라밀檀那波羅蜜로 재시財施·법시法施·무외시無畏施 등 널리 자비를 베푸는 행위를 말한다. 지계持戒는 시라바라밀尸羅波羅蜜로 재가在家·출가出家·소승小乘·대승大乘 등의 일체 계행戒行을 말한다. 인욕忍辱은 찬제바라밀羼提波羅蜜로 여러 가지 방법으로 참는 것을 말한다. 정진精進은 비리야바라밀毘梨耶波羅蜜로 항상 수양에 힘쓰고 게으르지 않는 것을 말한다. 선정禪定은 선나바라밀禪那波羅蜜로 마음을 고요하게 통일하는 것을 말한다. 지혜智慧는 반야바라밀般若波羅蜜로 사악한 지혜와 나쁜 식견을 버리고 참 지혜를 얻는 것을 말한다.

중국사상가 21

邵雍

天挺人豪英邁盖世駕
風鞭霆歷覽無際手挐
擥月窟足躡天根閒中
今古靜裏乾坤
朱文公贊劉珏書

• 중국사상가 ㉑

소옹(邵雍): 1011~1077. 송대(宋代)의 학자·시인. 호는 안락선생(安樂先生), 자(字)는 요부(堯夫), 시호(諡號)는 강절(康節). 도가사상의 영향을 받았고, 유가의 역철학(易哲學)을 발전시켜 특이한 수리철학(數理哲學)의 체계를 세웠다. 주요저서로는『황극경세서(皇極經世書)』,『관ㄴ물내외편(觀物內外編)』등이 있다.

당대唐代철학: 한유韓愈와 이고李翱의 사상

알아 볼 내용

- 한유韓愈의 도통설道統說
- 이고李翱의 복성설復性說

---

1 한유韓愈의 도통설道統說

① 한유는 누구인가

한유韓愈(768~824)는 자字가 퇴지退之이고, 중국 하남河南 하양河陽에서 태어났다. 그 선조가 창려昌黎에서 살았기 때문에 스스로 "창려한유昌黎韓愈"라 불렀다. 한유는 당대唐代의 유명한 문학가로 고문古文운동을 일으켰으며, 송대宋代 이학理學의 선구자로 불리고 있다. 저서로는 『한창려집韓昌黎集』이 있다.

② 도통설道統說 출현의 배경

당대唐代에는 불교와 도교가 매우 성행하였다. 또한 도교와 불교의 사원寺院은 많은 토지를 점유함으로써 국가재정의 수입과 중앙집권제에 많은 갈등과 모순을 초래하였다. 이러한 이데올로기적 및 사회경제적 상황 아래 노불老佛의 세력이 더 증가되는 것을 막고자 한유는 유가儒家의 도통설道統說을 제기하게 된 것이다.

③ 『원도原道』에서 말하는 유가 도통설의 주 내용

한유는 『원도原道』에서 유가학설의 원류가 매우 심원하고 대대로 계승된 점을 설명하였다.

"요堯는 도道를 순舜에게 전하였고, 순은 우禹에게 전하였으며, 우는 탕湯에게 전하였고, 탕은 문文·무武·주공周公에게 전하였으며, 문·무·주공은 공자孔子에게 전하였고, 공자는 맹자孟子에게 전하였으나, 맹자가 죽자 더 이상 전해지지 않았다."
"堯以是傳之舜, 舜以是傳之禹, 禹以是傳之湯, 湯以是傳之文武周公, 文武周公傳之孔子, 孔子傳之孟軻, 軻之死, 不得其傳焉."『原道』

이러한 발언의 의미는 유가학설의 장구함을 강조함으로써 불가와 도가보다 유가가 역사적으로 정통正統의 지위를 누려왔음을 확인하고자 한 것이다.

한유韓愈의 견해에 의하면 성인聖人의 도道를 전하는 방법에는 두 가지가 있다. 하나는 직접 구두로 전해주는 방법이고 다른 하나는 정신적으로 전승하는 방법이다. 그러나 맹자 이후로는 이러한 전승방법이 모두 중단되어 뒤의 사상가들에게 이어지지 못했다는 것이다. 이러한 그의 생각 속에는 아마도 끊어졌던 유가의 도통을 자신이 이어가려는 전도사傳道師로서의 소망이 있었을 것이다.

④ 도통설의 영향

윤리적인 측면에서 살펴보면, 한유韓愈는 도道를 인의도덕仁義道德으로 설명하였다. 이러한 견지에서 그는 불가佛家와 도가道家의 도道가 이러한 근본을 망각하고 있다고 생각한다. 그래서 그는 불가와 도가를 군신君臣과 부모를 버린 "오랑캐의 도리[夷狄之法]"로 배척하였다. 이러한 견해는 개인의 수양뿐만 아니라 개인의 사회적 책임도 중시하는 것으로써, 당시의 신분질서 제도에도 상당한 영향을 끼쳤다.

정치적인 측면에서 살펴보면, 한유韓愈의 도통설은 중앙집권적인 통치체제를 구축하는데 긍정적인 역할을 하였다. 한유는 『대학大學』의 "치국治國"·"평천하平天下"라는 입장에서 도통론을 전개하고 있다. 그렇기 때문에, 사원寺院경제가 초래하는 여러 문제를 척결하는 것은 최고통치자로서의 치자治者가 해야 할 당연한 의무라는 것이다. 이러한 생각은 강력한 중앙집권제를 이루어 국가의 경제적 이익을 유지하려는 측면에 긍정적인 역할을 하게 된다.

학술적인 측면에서 살펴보면, 한유의 도통론은 송대宋代 이학理學 특히 도학道學의 원류를 이루고 있다. 한유는 도道라는 개념을 선천적이자 객관적이며 정신적인 것으로 이해함으로써, 유가의 인의도덕仁義道德을 본체론적 의미로 해석하고 있다. 또한 유가의 도道를 도덕법칙을 중심으로 하는 객관적인 정신으로 이해함으로써, 세계의 본원에 관한 논의에 있어서도 불가나 도가와 맞설 수 있게 되었다. 후일 송대의 이학자理學者들은 노불老佛에 맞서거나 자신의 철학을 전개하는 데 있어서 한유의 이러한 논리를 활용하였다.

2 이고李翱의 복성설復性說

① 이고는 누구인가

이고李翱(772~841)는 자字가 습지習之이며, 현재의 중국 감숙甘肅에 속하는 농서隴西 성기成紀에서 태어났다. 그는 한유韓愈의 제자로서 한유의 "성삼품설性三品說"을 수정하여 "성선정악性善情惡"의 명제를 제시하였다.

② 복성설復性說의 내용

성性은 선천적이고 정정情은 후천적이라는 이해에 있어서 이고李翶는 스승인 한유韓愈의 관점과 일치하고 있다. 그러나 그는 사람의 성性은 모두 같다고 여겼기 때문에, 한유韓愈처럼 인성人性을 상·중·하로 나눌 수 없다고 주장하였다.

이고李翶의 주장에 의하면, 사람의 성性은 본질적으로 선善하다. 그렇기 때문에 본질적으로 선善한 본성을 갖고 태어나는 사람은 모두 선善한 본성을 회복하여 성인聖人이 될 수 있다. 그러나 사람은 악惡한 정정情에 미혹되거나 방해받기 때문에 본래의 선善한 성性을 확충시키지 못하게 되며, 그 정도에 따라 선인善人과 악인惡人 그리고 범인凡人과 성인聖人의 차이가 생기게 된다. 그렇기 때문에 성인聖人이 되기 위해서는 악한 정정情을 제거하고 선한 성性을 회복하여야만 한다. 이러한 내용이 복성설復性說의 대강大綱이다.

③ 복성復性을 실현하기 위한 구체적 방법

그러면 어떻게 정정情을 제거하고 성性을 회복시킬 것인가? 이고는 이를 실현하기 위한 구체적 방법으로 다음 네 가지를 제시하고 있다. 첫째, 윤리강상을 엄격하게 따르라는 것이다.["視聽言行, 循禮而行"] 둘째, 모든 욕망을 버리라는 것이다.["忘嗜欲而歸性命之道"] 셋째, 본성을 확충하라는 것이다, 넷째, 모든 사려思慮를 정지시키라는 것이다.["弗慮弗思, 情則不生"]

④ 복성설復性說의 의의

복성설의 의의는, 유가적 사회제도에 어긋나는 정욕을 없애고 사회가 필요로 하는 도덕적인 규범을 자각하여 일상생활의 평안함을 누리자라는 데 있다. 이고는 맹자의 성선설性善說과 선종禪宗의 "모든 사람은 불성佛性이 있으며, 이에 모든 사람은 성불成佛할 수 있다.[人人皆有佛性, 人人都可以成佛]"는 관점을 흡수하여, 이학理學의 선험적 인성론과 금욕주의적 수양론을 만들었다. 이러한 그의 복성설은 후에 송대宋代 이학理學의 형성에 적지 않은 영향을 주었다.

> **알게 된 내용**
> - 한유韓愈의 도통설은 유가적인 윤리를 부흥시키고자 한 것으로 송대宋代 이학理學의 원류를 이룬다.
> - 이고李翶의 복성설은 맹자의 성선설과 선종의 관점을 흡수하여 이학理學의 인성론과 수양론에 영향을 주었다.

풀 어 보 기

● 『원도原道』

　불교와 노장의 도道를 배척하고 중국 본래의 선왕先王의 도와 성인聖人의 도를 일으켜야 한다고 주장한 글이다. 『회남자淮南子・원도훈原道訓』을 본떠서 만들었으며, 『원성原性』과 함께 송대宋代 이학理學에 지대한 영향을 주었다.

● 성삼품설性三品說

　인간의 본성을 상・중・하의 삼품三品으로 나눈 한유韓愈의 학설이다. 한유에 의하면, 상上은 순선純善하며, 중中은 어떻게 지도指導하느냐에 따라 상上도 될 수 있고 하下도 될 수 있으며, 하下는 순악純惡하다고 한다. 이러한 그의 주장은 맹자孟子의 성선설과 순자荀子의 성악설 및 양웅揚雄의 성선악혼설性善惡混說 등을 종합하고 절충한 것으로 보인다. 그러나 성삼품설은 성性을 삼품으로 나눈 기준이 명확하지 않으며, 인간 본연의 동질성을 무시하고 다만 그 기질氣質의 차이에만 주목한 자의적인 주장이라는 비판을 받고 있다.

중국사상가 22

周敦頤

- 중국사상가 ㉒

　주돈이(周敦頤): 1017~1073. 송대(宋代)의 유학자. 자(字)는 무숙(茂叔), 호는 염계(濂溪). 주요저서로는 『태극도설(太極圖說)』, 『통서(通書)』 등이 있다.

성리학性理學에서 말하는 이기理氣란 무엇인가

알아 볼 내용

- 성리학性理學의 형성과정
- 성리학의 이기理氣개념

1 성리학性理學의 형성 과정과 내용

① 성리학의 형성배경

신유학新儒學, 즉 성리학이 태동하던 시기는 불가와 도가가 성행하던 때로 유학자들이 위기를 느끼던 시점이었다. 이런 면에서 성리학의 형성 배경은 크게 두 가지로 나눠 볼 수 있다. 하나는 유학내부의 각성인데, 경학經學을 부흥시켜 유가의 도道를 다시 세상에 찬란하게 밝히고자 했던 노력이다. 다른 하나는 이에 대한 구체적인 동기로서, 유가 경전에 관한 형이상학적인 해석을 통하여 불가와 도가를 극복할 수 있는 철학적 이론 체계를 세우고자 했던 노력이다.

② 성리학의 사상적 특징

성리학의 특징으로는 다음과 같은 몇 가지를 거론할 수 있다. 첫째, 한대漢代의 유학자들이 경전經典의 훈고訓詁를 중시한데 반하여, 송대宋代의 유학자들은 경전의 뜻과 의미를 중시하였다. 둘째, 전통적인 유가의 윤리사상을 핵심으로 삼고 동시에 불교와 도교의 이론을 흡수하였다. 하지만 성리학이 불교와 도교의 이론을 흡수하는 과정에서 불교와 도교의 비관적 염세주의와 소극적 무위無爲사상은 배척하였다. 셋째, 세계의 근원을 천리天理, 즉 이理라 규정하고 인성人性이 곧 천리天理 임을 규명하고자 하였다. 그렇기 때문에 성리학은 이학理學으로도 불린다. 넷째, 이기理氣 개념을 중심으로 우주와 인간의 생성과 구조를 해명하고 인간의 참된 도리를 깊이 성찰함으로써 과거의 훈고학訓詁學이 이르지 못했던 경지를 개척하였다. 이러한 점들은 중국철학이 새로운 발전 단계로 진입하는 표지가 되었다. 한편 성리학의 집대성자인 주희朱熹가 주돈이周敦頤·장재張載·소옹邵雍·정호程顥와 정이程頤의 학설을 종합하여 학문체계를 완성하였기 때문에, 성리학을 주자학朱子學이라고도 부른다.

③ 성리학의 중심 내용

첫째, 태극론太極論이다. 태극太極은 『주역周易·계사전繫辭傳』의 "역易에 태극이 있으니 태극이 양의兩儀[陰陽]를 낳고 …….[易有太極, 太極生兩

儀……]"라는 말에서 유래한다. 태극은 만물의 근원이요 우주의 본체를 의미한다. 태극은 주돈이周敦頤의 『태극도설太極圖說』을 통하여 성리학의 중심개념이 되었고, 보편과 특수를 매개하는 의미로 사용됨으로서 송대宋代 이학理學의 중심문제로 자리 잡게 된다. 이러한 태극을 최고 범주로 삼는 우주론은 이기론理氣論에 있어서는 "이일분수理一分殊"로 설명된다.

둘째, 이기론理氣論이다. 이理와 기氣라는 두 범주를 가지고 우주와 인간을 설명한 성리학의 형이상학적 이론이다. 태극론에서의 태극太極은 이理로, 음양陰陽은 기氣로 설명된다. 이 세계는 우주 만물의 존재 원리인 이理와 우주 만물을 구성하고 있는 질료質料 및 에너지인 기氣로 구성되어 있는데, 이理는 형태와 작위作爲가 없는["無形無爲"] 형이상形而上의 존재이며, 기氣는 형태와 작위가 있는["有形有爲"] 형이하形而下의 존재이다. 이理와 기氣는 처음부터 불가분의 짝을 이룬 개념이 아니었으나, 송대 성리학의 발전과정을 거치면서 뗄 수 없는 한 쌍의 철학범주가 되었다. 이기理氣는 현상적인 실재의 사물에서는 항시 함께 존재하는 "불상리不相離"의 관계를 이루고 있으나, 또한 그 본질은 서로 다르기 때문에 서로 섞일 수 없다는 "불상잡不相雜"의 관계를 이루고 있다.

셋째, 심성론心性論이다. 인간의 정신 구조를 심心·성性·정情의 개념으로 설명하는 이론이다. 이기론의 구조에서 이理는 만물을 이루는 원리이지만, 사람에게 있어서는 모든 도덕적 선善의 선천적 근거가 된다. 그렇기 때문에 이理는 인간에게 있어서 성性이 되며, 기氣는 육체가 된다. 심성론에서 다루어지는 성리학적 개념으로는 "도심道心과 인심人心"·"본연지성本然之性과 기질지성氣質之性"·"사단四端과 칠정七情" 등이 있다.

넷째, 성경론誠敬論이다. 심성론에서 발생한 문제를 극복하기 위해 제시된 수양론으로, 내면적 품성이나 지혜·도덕을 성誠과 경敬에 의하여 함양하는 것을 목적으로 한다. 성誠은 "참되어서 망령됨이 없음[眞實無妄]"으로, 경敬은 "외경畏敬"·"주일主一"·"정제엄숙整齊嚴肅" 등으로 요약된다. 인간에 대한 이해에 따라 철학자들 간에 성誠을 강조하거나 경敬을 강조하는 등의 견해 차이를 보이지만, 궁극적으로 성誠과 경敬은 서로 다른 것이라고 볼 수 없다.

2 이기理氣 개념

① 이理와 기氣

이理는 본래 옥玉의 문양을 가리킨 것이나, 후에 그 의미가 확대되어 이치·준칙·법칙·규율·조리 등의 뜻으로 쓰이게 되었다. 이理는 철학의 최고 범주로서 자연계의 본질이며 절대적인 존재이다. 그리고 자연계의 본질이자 절대적인 존재인 이理는 사회질서와 이에 호응하는 윤리질서의 총칭이기도 하다.

기氣는 만물을 구성하는 원시적인 재료로 매우 세미細微한 물질을 가리킨다. 기氣에 관한 관념은 서주西周 말에 이미 출현하여 이理에 관한 관념보다 일찍 출현하였음을 알 수 있다.

② "이기理氣" 개념

장재張載로부터 이기理氣개념은 한 쌍의 철학개념으로 사용되었다. 장재張載는 우주의 근본은 기氣이며 기氣의 천변만화千變萬化에는 일정한 법칙이 있는데 이 법칙이 바로 이理라고 여겼다.

그러나 정호程顥와 정이程頤는 장재張載가 이해한 이기理氣관계를 전도顚倒시켜, 이기理氣가 비록 서로 의지하고 있으나 우주의 근본은 이理라고 여겼다. 왜냐하면 만물은 비록 세미한 물질적 재료인 기氣로 구성되어 있지만, 기氣가 구성되기 이전에 "소이연所以然"으로서의 이理가 이미 있게 되므로 이理가 가장 근본적인 것이 된다는 것이다. 이러한 이기理氣의 관계는 "이선기후理先氣後[理가 먼저고 氣는 나중]" 또는 "이본기말理本氣末[理가 근본이고 氣는 말단]"의 관계로도 표현된다.

주희朱熹는 이기理氣 관계를 "사람이 말을 타는 것[人騎馬]"에 비유하여 이기理氣를 주종主從의 관계로 설명하고 있다. 주主의 위치에 있는 이理는 그렇기 때문에 만물을 주재主宰하고 결정하게 된다는 것이다.

> **알게 된 내용**
>
> - 성리학性理學은 유가의 윤리사상을 핵심으로 삼는 한편 불교와 도교의 이론을 흡수하였으면서도 그것들을 극복할 수 있는 철학적 이론체계를 갖춘 새로운 유학이다.
> - 성리학性理學은 이기理氣개념을 중심으로 우주와 인간의 생성과 구조를 해명하고 인간의 참된 도리를 깊이 성찰함으로써 과거의 훈고학訓詁學이 이르지 못했던 유학의 새로운 경지를 개척하였다.

풀어보기

● 훈고訓詁

언어와 문자를 연구함으로써 고전古典을 바르게 이해하는 것이다. 훈訓이란 경전에 서술된 말의 이치를 풀이하는 것이며, 고詁란 고금古今의 언어를 통괄하여 그 연유를 밝히는 것이다. 일반적으로는 송원宋元의 이기理氣론과 대비되는 한당漢唐의 훈고학을 가리킨다.

● 이일분수理一分殊

보편적인 법칙("理一")이 개별적인 계기들을 통해 분화됨("分殊")으로써 구체적인 사물이나 현상의 특수 법칙이 된다는 성리학의 이론이다.

● 도심道心과 인심人心

『서경書經·대우모大禹謨』에서 순舜이 우禹에게 "인심人心은 위태롭고 도심道心은 은미하니 정밀하게 살피고 한결같이 하여 진실로 중中을 잡아라.〔人心惟危, 道心惟微, 唯精唯一, 允執厥中〕"라고 한 말에서 비롯되었다. 인간은 두 개의 마음이 있는 것은 아니지만 그 지향하는 바를 살펴보면 두 가지 요소가 있음을 알 수 있다. 도심道心이 인심人心을 제어할 때 천리天理가 인욕人慾을 이기게 되어 인간은 비로소 도덕적인 삶을 살게 된다.

● 본연지성本然之性과 기질지성氣質之性

장재張載가 인간 본성에 관한 전체적인 이해를 도모하고자 "천지지성天地之性과 기질지성氣質之性"의 이론을 주장한데서부터 비롯된다. 주희朱熹는 "본연지성"을 천리天理로서의 본성으로, "기질지성"을 기질과 관련하여 선善도 있고 악惡도 있는 것으로 파악하였다. 인간의 본성은 모두 선하지만 기氣의 청탁淸濁에 따라서 현명하고 어리석음의 차별이 생기므로, 탁기濁氣를 청기淸氣로 변화시키기 위한 수양修養의 문제는 매우 중요한 관건이 된다.

● 주일主一

정이程頤의 경敬사상을 드러내주는 말로, 일에 전념함에 있어서 심신이 통일되거나 집중되는 경지를 가리킨다. 아울러 어느 한 편으로 치우치지 않는다는 중中의 의미와 밖으로 표현되기 이전의 상태인 내內의 뜻도 포함되어 있다.

● 소이연所以然

사물과 인사人事의 본질·속성·법칙 등을 포괄하는 존재법칙이다.

중국사상가 ㉓ 張載

- **중국사상가 ㉓**

  장재(張載): 1020∼1077. 북송(北宋) 중기의 학자. 자(字)는 자후(子厚), 호는 횡거(橫渠). 주요저서로는 『경학이굴(經學理窟)』, 『정몽(正蒙)』, 『서명(西銘)』 등이 있다.

주돈이周敦頤와 소옹邵雍의 철학적 입장

알아 볼 내용

- 주돈이周敦頤의 철학
- 소옹邵雍의 철학

1 주돈이周敦頤의 철학

① 주돈이周敦頤는 누구인가

주돈이周敦頤(1017~1073)는 자字가 무숙茂叔이고, 중국 호남湖南 도주道州 영도營道에서 태어났다. 그의 주요 저서로는 『태극도설太極圖說』과 『통서通書』가 있으며, 이학理學의 창시자인 정호程顥와 정이程頤가 일찍이 그에게 학문을 배웠기 때문에 후대 학자들에게 도학道學의 시조로 여겨졌다.

② 공자孔子와 안연顔淵이 즐거워 한 것["孔顔樂處"]

안연顔淵은 가난하였지만 도를 배우는 마음의 즐거움을 항상 지녔는데, 안연의 이러한 태도를 공자가 칭찬한 구절이 『논어論語』에 보인다. 주돈이는 일찍이 정호程顥에게 안연과 공자의 즐거움을 찾아보라고 하였는 바, 그 뒤 공자와 안연이 즐거워 한 것을 찾는 일은 송명宋明 이학理學의 중요한 과제가 되었다.

주돈이의 이해에 따르면, 안연의 즐거움이란 근본적으로 가난함 자체에 즐길만한 무엇이 있는 것이 아니라, 안연이 이미 부귀를 초탈한 인생의 경지에 이르렀다는 것을 뜻하는 것이다. 이러한 경지는 바로 널리 백성을 구제하는 일과 "극기복례克己復禮"의 인학仁學의 근본이 된다. 인격미와 고매한 정신을 거론함으로써 인생의 참다운 목표가 무엇인지를 보여준다.

③ 태극太極과 태극의 동정動靜

주돈이는 『주역周易』을 근거로 「태극도太極圖」와 『태극도설太極圖說』을 지었으며, 이를 통하여 자신의 우주론 체계를 세웠다.

"역易에는 태극이 있고, 이것이 양의兩儀[陰陽]를 낳는다."
"易有太極, 是生兩儀."『周易・繫辭上』

『태극도설太極圖說』의 기본 사상은 위의 내용을 근거로 이루어진 것인데, 태극을 최고 범주로 하는 주돈이의 우주론을 보여준다. "태극太極"은 아직 분화되지 않은 혼돈 상태의 근원 물질을 가리키며 "무극無極"은 무한을 가리킨다. 즉, 근원적인 물질로서의 태극은 형체가 없고 무한하다. 이것이 "무극이태극無極而太極"의 의미이다.

주돈이는 『태극도설』을 통하여 우주발생의 학설을 제시하였다. 이러한 발생론적인 견해는 세계가 혼돈 중에 생성되어 발전하는 것으로 이해하였음을 보여준다. 태극은 아직 분화되지 않은 근원적인 실체이고, 태극의 운동은 음과 양이 생성되는 근원이 된다. 『태극도설』에서 말하는 "움직여 양을 낳는다.[動而生陽]"라는 말과 "고요하여 음을 낳는다.[靜而生陰]"라는 말은, 우주의 발생과정에서의 운동의 의미를 말한 것으로 우주가 본질적으로 운동하고 있음을 나타내준다.

④ 주돈이周敦頤 철학의 의의

주돈이는 『주역』의 음양변화 사상을 잘 적용하여 유가적 우주발전론을 도출하였다. 그리고 그는 공자와 안연의 즐거움으로부터 이른바 인생의 경지를 제시했다. 이러한 측면은 도학道學의 기원과 밀접한 관련이 있으며, 실제로 도학의 발전에 중요한 영향을 끼쳤다.

2 소옹邵雍의 철학

① 소옹邵雍은 누구인가

소옹邵雍(1011~1077)은 자字가 요부堯夫인데 사후死後에 강절康節이란 시호가 내려졌기에 사람들은 그를 강절선생이라 불렀다. 주요 저작으로는 『황극경세서皇極經世書』가 있다. 그는 남송南宋시기에 북송오자北宋五子의 한 명으로 불렸고 이정二程과의 교류도 빈번하였다. 특히 정호程顥는 그를 풍류호걸[風流人豪]이라 하여 그의 인품을 높이 받들었다. 소옹은 자신이 거처하는 집을 안락한 움집이라고 이름 붙이고 스스로 "안락선생安樂先生"이라 자처하였다.

② 우주 진화의 최고법칙 — 수數

소옹은 우주의 발전과정에 "수數"가 내재되어 있는 것으로 생각했다. 따라서 소옹의 사상에서 수數는 실제로 우주 진화의 최고 법칙이 된다. 소옹에게 있어서 수數는 우주와 역사 변화의 주기를 규정할 뿐만 아니라 구체적인 우주 만물까지도 규정한다. 이렇듯 소옹이 수數를 우주와 그 본질을 파악하는 것으로 여기기 때문에 그의 학술은 "수학數學"으로 불리는 것이다.

③ 사물의 입장에서 사물을 살피는 경지 — 관물觀物

관물觀物이란 자연세계를 관찰하고 이해하는 것이자 자신이 속해있는 세계 전체에 대한 태도와 깨달음을 가리키는 개념이다. 소옹은 만물을 자신의 입장에서 살피지 말고 사물의 입장에서 살피라고 주문한다. 이것이 바로 "이물관물以物觀物"이라는 명제이다. 이는 사람들이 사회생활을 영위할 때도 자신의 감정이나 의견에 기초하여 행위 하지 말 것을 요구하는 것이다. 그러기 위해서는 "무아無我"의 생활태도가 요구된다. 무아無我란 곧 사물 자체의 법칙과 원리에 순응하고 따르는 것을 의미한다.

④ 소옹철학의 특징

소옹의 사상에는 두 가지 기본적이 특징이 있다. 첫째, 그의 사상에는 상수파象數派의 요소가 많이 담겨 있다. 그렇기 때문에 많은 사람들은 소옹의 학설을 수학數學이라 부르고 있다. 둘째, 주돈이가 강조한 공자와 안연의 즐거움에 호응하여 소옹은 "안락과 소요"의 경지를 제창한 바 있다. 이는 소옹의 철학이 도교의 영향을 많이 받았음을 보여 주는 것이다.

⑤ 소옹철학의 의의

소옹은 송대宋代 이학理學의 연원을 이루는 한 사람이다. 특히 심성心性

에 관한 그의 "성性은 도道의 형체[性者道之形體]"이며, "마음은 성性의 성 곽[心者性之郭郭]"이라는 주장은 성리학의 주요 개념이 되었다. 소옹은 우주의 본질을 비록 수數로 설명하였지만, 그 근본은 여전히 이학의 범주에서 벗어나지 않았다.

"하늘이 나에게 지니도록 해 준 것을 일컬어 명命이라 하고, 명命이 나에게 있는 것을 가리켜 성性이라 하며, 성性이 사물에 있는 것을 가리켜 이理라고 한다."
"天使我有是之謂命, 命之在我之謂性, 性之在物之謂理."『皇極經世書·觀物外篇下』

이러한 견해는 이정二程의 주장과 비슷한 것으로, 그의 사상이 송대宋代 이학理學의 정통의 선상에 위치하고 있음을 보여준다.

알게 된 내용

- 주돈이周敦頤는 태극太極개념으로 유가의 우주론을 전개하였다. 아울러 공자와 안연의 즐거움을 통해 참다운 인생의 경지를 제시함으로써 도학道學의 발전에 영향을 끼쳤다.
- 소옹邵雍의 사상에서 수數는 우주 진화의 최고 법칙이 된다. 수數는 우주와 역사 변화의 주기를 규정할 뿐만 아니라 구체적인 우주 만물까지도 규정한다.

풀어보기

● 도학道學

　중국의 북송北宋 중엽에 발생하여 남송南宋시대에 정립되었던 유교이념의 새로운 체계를 가리키는 말이다. 도학이라는 용어는 『대학大學』에 연원을 두고 있지만, 새로운 학풍으로서의 도학의 성격을 선명하게 드러내 주는 문헌은 『송사宋史・도학전道學傳』이다. 「도학전」에서는 송대 유학자들이 맹자 이후 끊어진 유가의 도통道統을 이었으며, 도학이 송대에 이르러 융성하게 되었다고 말하고 있다. 도학은 경학經學을 학문적 기초로 하여 도통의식道統意識과 도道의 근원을 밝히려는 독특한 학풍이다.

● 상수학象數學

　『주역周易』을 상수象數, 즉 괘효卦爻의 조합과 수의 원리로써 해석하려는 학설로, 전한前漢 말부터 후한後漢과 삼국시대에 걸쳐 전개되었던 학설이다. 북송대北宋代에 이르러 소옹邵雍이 『주역』과 도교의 사상을 융합하여 상수학의 체계를 완성했다. 한편 이러한 상수학과 달리 윤리적 측면에서 『주역』을 해석하고자 하는 의리역義理易이 정이程頤・주희朱熹에 의해 정리되었다. 상수역象數易의 대표적 저술로는 소옹의 『황극경세서皇極經世書』가 있으며, 의리역義理易의 대표작으로는 정이程頤의 『역전易傳』이 있다. 주희朱熹는 이 둘을 종합하여 『주역본의周易本義』를 지었다.

중국사상가 ㉔

程顥

- **중국사상가 ㉔**

  정호(程顥): 1032~1085. 북송(北宋) 중기의 유학자. 자(字)는 백순(伯淳), 호는 명도(明道). 주요저서로는 『정성서(定性書)』, 『식인편(識仁篇)』 등이 있다.

장재張載의 철학과
정호程顥·정이程頤의 철학

알아 볼 내용

- 장재張載의 철학
- 이정二程: 程顥·程頤의 철학
---

1 장재張載의 철학

① 장재張載는 누구인가

　장재張載(1020~1077)는 자字가 자후子厚이고 장안長安에서 태어났다. 오랫동안 섬서성陝西省 봉상부鳳翔府 미현郿縣의 횡거진橫渠鎭에서 강학講學하였기 때문에 보통 "횡거선생橫渠先生"이라 불려진다. 그는 "기본론氣本論"이라는 유학의 본체론적 철학체계를 건립했고, 아울러 이를 통해 불교와 도교에 대해 강력한 비판을 전개하였다.

② 태허太虛가 기氣이다.

장재는 우주의 구조가 태허太虛와 기氣 그리고 만물로 구성되어 있으며, 기氣의 흩어지고 모이는 상반되는 운동이 우주의 기본적인 과정이라고 생각하였다. 따라서 물질적 실재로서의 기氣는 시간적으로든 공간적으로든 영원하다는 것이다.

태허란 본래 광활한 우주공간을 가리킨다. 장재가 말하는 태허란 직접적으로 감지할 수 없는, 지극히 맑고 엷은 기氣로 가득 차 있다. 장재는 이러한 무형무상無形無狀의 태허를 기氣의 본래적인 존재 상태로 생각하였으며, 이 본래적 상태를 "본체本體"라고 불렀다. 그리고 기氣는 바로 이처럼 본래적인 존재 상태인 맑고 엷은 "태허의 기氣"가 모여서 이루어지는 것으로, 만물의 변화에 따라 잠시 기氣의 모습을 볼 수 있을 뿐 허虛와 기氣는 통일적인 것이다. 그렇기 때문에 기氣는 보이거나 안 보이는 유무有無가 뒤섞인 상태라고도 할 수 있다.

"태허가 곧 기氣"라는 주장은 "공空"과 "형形"의 상호관계를 설명하기 위해 사용되었다. 형용하거나 묘사할 수 있는 모든 현상은 결국 기氣가 서로 다르게 표현된 것일 뿐이다. 모든 현상은 기이며 기의 현상 혹은 기의 표현은 "상象"이 된다. 이러한 의미에서 보자면, 상象은 감각대상으로서의 제한된 의미를 지니지만, 기는 감지할 수 있는 모든 대상을 포괄하므로 이미 인간의 의식 밖의 물질 존재라는 의미를 내포하게 된다.

장재는 이러한 논리로 도교와 불교를 공격한 바 있다. 기氣로 규정된 모든 것들은 그 형태가 일시적이기 때문에 도교에서 말하는 "장생불사長生不死"는 환상에 불과하다는 것이다. 또 기氣의 형태는 비록 일시적이지만 실체로서는 영원히 소멸하지 않기 때문에, 불교에서 말하는 "허虛"와 "공空"이라는 말은 그저 허망한 것에 불과하다고 보았다.

③ 기화氣化의 과정

기화氣化는 우주 만물의 운동과 변화를 말한다. 그리고 이러한 기화의 과정이 도道이다. 기화의 중요한 두 가지 형식은 "변變"과 "화化"이다.

"변變은 뚜렷한 것을 말하고, 화化는 점진적인 것을 말한다."
"變言其著, 化言其漸."『易說・乾』

장재張載는 사물이 현저하게 변화한 후에는 다시 서서히 변하는 단계를 반드시 거치게 되며, 서서히 변하는 과정이 또 어느 정도에 이르면 다시 뚜렷한 변화를 보인다고 생각했다. 그래서 변變과 화化는 구별되는 듯하지만, 사실은 서로 연결되어 있다는 것이다.

한편 장재는 우주 만물의 운동과 변화의 내재적 본성과 근원을 "신神"이라 불렀다. 신神은 기의 내재적 본성을 가리키는 것이므로 본체가 되며, 화化는 기화氣化의 운동과정을 가리키는 것이므로 작용이 된다. 신神과 화化는 모두 기氣의 다른 측면이다. 장재는 신神과 화化의 학설을 통하여 운동의 근원이 기氣 자체에 있다는 점을 파악하였을 뿐만 아니라, 사물이 대립되는 측면을 갖는다는 "양兩과 일一"의 논리로 운동과 변화를 설명하였다.

④ 백성은 동포요 만물은 짝이다.

"백성은 동포요 만물은 짝이다.[民胞物與]"라는 말은 『서명西銘』에 그 근거를 두고 있다. 『서명』은 개인의 입장에서 우주를 어떻게 볼 것이며, 우주에 관한 이러한 관점을 어떻게 운용하여 개인과 사회생활에 대처할 것인가를 고민한 글이다.

『서명』에 의하면, 사람을 구성하고 있는 기氣는 우주 만물을 구성하고 있는 기氣이기도 하다. 그러므로 개인의 입장에서 보자면, 하늘과 땅은 나의 부모이고 사람들은 나의 동포이며 만물은 나의 친구이고 군주는 이러한 대가정大家庭의 적장자嫡長子가 된다. 우주에 대한 이러한 이해는 우주의 모든 것이 자신과 직접적으로 연계되어 있으므로, 모든 도덕적 활동도 개체로서 마땅히 실천해야할 직접적인 의무로 연결된다. 천하의 어떤 것도 나 아닌 것이 없다는 것은 나와 하늘이 연결되는 "천인합일天人合一"의 경지로도 설명될 수 있다.

백성은 동포요 만물은 짝이라는 생각은 당시의 지식인들을 고무하여 수많은 지사志士와 인자仁者를 배출하였다. 이들이 평생토록 도덕적 실천을 하면서도 한편으로는 나라를 동란에서 구하고 백성을 도탄에서 구하고자 하는 "평천하平天下"의 대업을 자신의 임무로 여겼다.

⑤ 장재철학의 의의

장재의 자연철학은 "기일원론氣一元論"의 철학이다. 그는 우주의 통일성을 물질적인 실재인 기氣로 귀결시키고, 사물의 생사生死를 기의 모임과 흩어짐으로 설명하였다. 한편 장재는 정이程頤와 주희朱熹로부터 이러한 해석이 불교의 윤회사상에서 영향 받은 것이라는 비판을 받기도 하였다.

2 정호程顥의 철학

① 정호程顥는 누구인가

정호程顥(1032~1085)는 자字가 백순伯淳이며 하남河南 이천伊川사람이다. 사람들은 보통 동생 정이程頤와 함께 이정二程이라 부르며, 또한 그들이 오랫동안 낙양洛陽에서 강학講學하였기 때문에 그들의 학파를 "낙학洛學"이라고 부른다. 그는 평생토록 책을 쓰지 않았으나, 그의 강학 어록語錄은 정이程頤의 어록과 함께 편집되어『하남정씨유서河南程氏遺書』에 실려졌다. 또 이 책과 그 밖의 시문詩文 등은 종합되어『이정전서二程全書』·『이정집二程集』 등으로 편찬되었다.

② 정호의 철학

먼저 "인仁"에 관한 학설을 보자. 정호의 어록에 보이는 인仁에 대한 설명은 다음과 같다.

"인仁이란 천지만물과 한 몸이 된다."
"仁者, 以天地萬物爲一體." 『二程遺書』 卷二上

"인仁이란 혼연히 만물과 하나의 몸이 된다."
"仁者, 渾然與物同體." 『二程遺書』 卷二上

정호는 인仁을 근본적인 최고의 정신 경지로 여겼다. 선진 유가의 인학仁學은 사람을 사랑하거나 널리 베풀어 백성을 구제하는 인도주의와 극기복례克己復禮하는 도덕 수양의 강조 등을 내용으로 하고 있다. 그러나 이러한 내용으로 서술되는 인학仁學은 인仁의 작용과 표현을 말했을 뿐이지 근본 혹은 본체를 말한 것은 아니라는 것이다. 그 최고의 정신적 경지인 인仁의 본체는 "만물과 일체가 되고", "혼연히 만물과 하나의 몸이 되는" 것이라고 정호는 강조한다. 정호가 이 두 문단에서 인仁을 논한 관점은 장재張載와 서로 통한다. 장재도 『서명西銘』을 통하여 우주의 모든 부분이 우리 자신과 밀접하게 연관되어 있는 것으로 여기고 있다. 그리고 주돈이周敦頤가 제기한 공자와 안연이 즐거워 한 것을 찾으라는 사상과도 같은 맥락에 있다. 이들은 모두 유가의 최고 정신 경지를 추구하였던 것이다.

다음으로 정성설定性說을 보자. 장재는 일찍이 서신을 통하여 다음과 같은 문제를 정호에게 제시한 바 있다.

> "본성을 안정시켜 움직이지 않도록 할 수 없다면 오히려 바깥 사물에 얽매이게 된다."
> "定性未能不動, 猶累於外物."『二程文集』卷3

이에 대하여 정호 역시 서신으로 장재에게 답하였는데, 여기서 정호가 장재에게 답한 글이 바로「정성서定性書」이다. 정호는 "정성定性"의 정定이란 그저 고요하게 움직임이 없는 상태나 외부 사물과 접촉하지 않는 상태가 아니라 하였다. 정호가 말하는 정定의 상태는 다음과 같다.

> "움직여도 안정되고 고요해도 안정되며 보내고 받아들이는 것도 없고 안과 밖마저도 없는 상태이다."
> "所謂定者, 動亦定, 靜亦定, 無將迎, 無內外."『二程文集』卷3

결국 정호가 말하는 정성定性은 안과 밖을 모두 잊고 자아를 초월하는 것이다. 이러한 수양방법은 맹자의 "부동심不動心" 사상을 계승한 것이지만, 어느 정도는 도가와 불교에서 강조하는 심리 수양의 경험을 흡수한 것이다.

③ 이정二程의 낙학洛學

이정二程의 학문은 낙학洛學으로 통칭되지만, 많은 학자들은 이들의 차이가 "심학心學"과 "이학理學"의 차이라고 견주면서, 정호程顥를 심학의 원류로 정이程頤를 이학의 원류로까지 보고 있다. 사실 정호의 학문을 정이와 비교하여 말하자면, 정호는 내향적인 체험을 더욱 중시했다고는 할 수 있으며 이는 주로 정호가 추구하는 정신적 경지가 정이의 그것과 달랐던 점에 기인한다. 그러나 이러한 차이는 결코 남송南宋시기의 심학과 이학의 근본적인 분기점은 아니다. 그렇기 때문에 정이程頤·주희朱熹의 이학理學과 정호程顥의 사상이 전혀 다른 경지를 추구한다고 단정할 수도 없다.

3 정이程頤의 철학

① 정이程頤는 누구인가

정이程頤(1033~1107)의 자字는 정숙正叔이며, 정호의 한 살 아래 아우이다. "정문입설程門立雪"의 고사를 통해서도 알 수 있듯이, 정이는 매우 엄격하고 정중하여 항시 근엄함을 지켰다고 한다. 정이는 도덕규범을 자기 자신에게 엄격히 요구하고 자신을 단속해 가면서 자신의 이상과 사상을 실천한 진정한 도학자道學者였다.

② 정이의 철학

먼저 "이기理氣"를 보자. "그러한 까닭[所以]"이 이理이다. 정이는 어떤 사물이 본디 그러한 까닭을 이理로 이해하였다. 이치를 밝힌다는 것은 바로 사물의 그러한 까닭을 밝히는 것이다. 이러한 정이의 사상은 철학사의 발전이라는 관점에서 볼 때 이론적인 사유의 진전이라는 의의가 있다. 정이는 체體와 용用은 그 근원이 하나임을 말하는 "체용일원體用一源"설을 주장하였다. 그는 사물 내부의 깊고 은미한 원리와 근원을 체體로, 세계의 각종 현상을 용用으로 표현하고 있다. 그리고 이러한 점으로부터 이理를 체體로, 그리고 사물을 용用으로 파악하여 "이체사용理體事用"설을 주장한다. 그가 체와 용을 통일적인 것으로 생각하여 본체와 현상의 밀접한 관계를 강조한 점은, 본체와 현상에 관한 중국 고대철학의 관점을 한 걸음 더 진전시킨 것이라고 볼 수 있다. 또 정이는 "도는 자연스럽게 만물을 낳는다.[道則自然生萬物]"는 생각을 가졌다. 우주를 구성하는 기氣는 생기기도 하고 소멸하기도 하는 것으로, 기氣의 생성은 우주의 고유한 필연성에 근원하는 것인데 도道가 그 근원이라고 이해한 것이다.

다음으로 "성리性理"에 관한 정이의 사상을 보자. 이학理學의 창시자인 정이는 "이理" 개념으로 인성人性을 규정함으로써 유가의 성선론性善論을 발전시켜 이학적理學的 인성론을 제기하였다. 중국철학에서 성性은 사람의 본성이나 사물의 속성을 가리키는 말이었고, 이理란 사물의 필연적인 법칙과 사회의 도덕원칙을 가리키는 말이었다. 그러나 정이는 "성性이 곧 이理[性卽理]"라고 하여, 사회의 도덕적 원칙을 영원하고 불변하는 인류의 본성으로 여겼다. 선험적인 도덕적 이성理性은 현실의 도덕적 법칙을 결정할 뿐만 아니라 우주의 근본적인 규율이 되기도 하기 때문이다. 정이는 또한 인성人性에 대한 기氣의 영향도 중시하였다. 왜냐하면 기氣가 맑고 흐림에 따라 현명한 사람과 어리석은 사람의 구별이 생기기 때문이다. 더 나아가 성性에 관한 맹자와 고자告子의 견해차는 두 사람이 사용한 인성 개념이 달랐기 때문이라고 하였다. 맹자가 말한 인성은 본원적인 성性["本然之性"]이고, 고자가 말한 성性은 태어나면서부터 받은 성性["生之謂性"]이다. 그렇기 때문에 고자가 말하는 성이 가장 근본적인 성이 아니라고 할 수 있지만, 그렇다고 성이 아니라고도 할 수 없다는 것이다. 그러나 "성性이 곧 이理"라고 말할 때는, 사람이 사람일 수 있는 본질로서의 성을 가리킨다. 따라서 맹자와 고자가 말한 성性의 의미는 각기 다르다는 것이다.

알게 된 내용

- 장재는 "기일원론氣一元論" 사상을 통하여 우주의 통일성을 물질적 실재인 "기氣"로 귀결시키고, 사물의 생사生死도 기의 모이고 흩어짐의 결과로 설명하였다.
- 이정二程은 도道와 이理를 자연의 보편법칙과 인류사회의 당연한 원칙으로 파악하였다. 특히 정이程頤의 철학은 대부분 주자학朱子學의 사상적 기초가 되었다.

풀 어 보 기

● **부동심**不動心

　『맹자孟子・공손추상公孫丑上』에서 유래한다. 선한 본심을 보존함으로써 확립된 것으로, 외부의 어떠한 유혹에도 마음을 바꾸지 않는 이상적인 인간의 마음을 말한다.

● **정문입설**程門立雪

　양시楊時가 눈이 내리는 데도 밖에서 정이程頤의 좌선이 끝나기를 기다렸다는 고사로서, 선생을 공경하는 양시의 모습뿐만 아니라 근엄했던 정이의 모습도 보여준다.

중국사상가 ㉕

程頤

• 중국사상가 ㉕

정이(程頤): 1033∼1107. 북송(北宋) 중기의 유학자. 자(字)는 정숙(正叔), 호는 이천(伊川), 시호는 정공(正公). 형 정호(程顥)와 함께 주돈이(周敦頤)에게 배웠고, 형과 함께 "이정자(二程子)"라 불리며 정주학(程朱學)의 창시자로 일컬어진다. 주요저서로는 『역전(易傳)』이 있다.

이학理學을 집대성한 주희朱熹

> **알아 볼 내용**
>
> • 주희朱熹의 철학사상

1 주희朱熹는 누구인가

주희朱熹(1130~1200)의 자字는 원회元晦·중회仲晦이고, 호號는 회암晦庵이다. 복건福建 우계尤溪에서 태어나 숭안崇安과 건양建陽에서 살면서 오랫동안 강학講學활동을 하였으므로 그의 학파는 "민학閩學"이라 불린다. 송대宋代 이학理學의 집대성자이며, 중국 학술사에서 가장 저명한 사상가 중의 한 사람이다. "사서四書"를 평생 연구하고 해석하였으며, 사서를 가장 중요한 유가의 경전으로 확립시켰다. 주요 저작으로는 『주자어류朱子語類』·『주문공문집朱文公文集』·『사서집주四書集註』·『사서혹문四書或問』·『주역본의周易本義』 등이 있다.

2 이기론理氣論

① 이기理氣의 선후先後

사물이 아직 존재하지 않을 때에도 그 사물의 이理는 이미 존재할 수 있다. 그렇기 때문에 "이理는 사물보다 앞서 존재[理在事先]"하며, "이理는 사물 위에 존재[理在事上]"한다. 이 말은 모든 사물의 법칙, 즉 인류 사회를 포괄하는 세상의 모든 원칙은 영원히 존재하며 바뀔 수도 없다는 것을 의미한다. 이기理氣 관계에서도 그 본원의 측면에서 말하자면 이理는 기氣보다 우선하여 존재한다. 이러한 이기理氣의 선후관계는 논리적인 측면일 뿐, 현실적으로는 시간적인 선후를 논할 수 없다. 논리적으로 이理가 기氣보다 앞서 존재한다는 것은 이理가 근본이고 본체라는 것을 의미하는 것이다.

② 이기理氣의 동정動靜

주돈이周敦頤의 『태극도설』에 나오는 "태극이 움직여 양陽을 낳는다.[太極動而生陽]"라는 구절에 대하여, 주희는 도대체 이理인 태극 자체가 어떻게 동정動靜할 수 있는지 의문이 제시한다. 태극은 동정動靜할 수 없으며 동정하는 주체는 음양陰陽이고 동정하는 근거는 이理라는 것이다. 태극과 음양의 동정動靜관계는 마치 사람이 말을 타고 다니는 것과 같다고 보았다. 태극의 동정動靜은 결코 이理가 기氣 안에서 운동하거나 현실을 벗어나 독립적인 이理의 세계에서 운동하는 것을 의미하지는 않는다는 것이다.

3 심성론心性論

① 심통성정心統性情

심心은 성性과 정情을 통어統御["心統性情"]하는 총체이다. 성性과 정情은 체용體用의 관계에 있다. 성性은 마음의 본체이고, 정情은 마음의 작용이다. 심心은 체용을 포괄하는 총체이며, 성性과 정情은 이러한 총체인 심心의 서로 다른 측면이다. "심통성정心統性情"의 "통통"은 "주재한다."라는 의미이다. 심통성정은 장재張載의 어록에 처음 등장하지만 주자학에서 실질적으로 언급되는 심통성정에 관한 논의는 주희의 견해라고 할 수 있다.

② 천명지성天命之性과 기질지성氣質之性

사람이 타고날 때부터 받은 천리天理는 "천명지성天命之性"인데, "하늘이 준 성性[天命之謂性]"이라는 의미이다. 그러나 천명지성만으로는 사람에게 악한 품성이 생기는 이유를 설명하지는 못한다. 악한 품성도 기질에 의한 선천적인 근거를 갖고 있기 때문이다. 사람의 성품은 이기理氣의 제약을 받는데, 인성人性의 품격에 차이가 나는 것은 기氣의 측면으로부터 제약을 받는 "기질지성氣質之性" 때문이라는 것이다. 모든 사람의 천명지성은 동일하지만 사람의 기질이 다르기 때문에 기질지성도 사람마다 다르게 된다. 육체를 갖고 사는 모든 사람의 현실적인 성性은 기질지성으로 이理와 기氣의 작용이 함께 있으며 도덕이성과 감성적 욕구도 같이 지니고 있다. 그런데 성性의 본체는 이理이기 때문에 천명지성은 기질지성의 본래상태이다. 그러나 현실적인 사람의 성性은 천명지성이 기질의 영향을 받아 전화轉化된 기질지성이다. 본성에 관한 이 두 관념은 현실적인 인성人性의 차이를 설명하고 있는 것이지, 결코 천명지성과 기질지성이라는 두 가지의 성性이 우리에게 동시에 있다는 것을 말하는 것은 아니다.

③ 도심道心과 인심人心

고문古文으로서의 『서경書經』에 나오는 "인심은 위태롭고 도심은 은미하다.[人心惟危, 道心惟微]"라는 대목에서 제시된 개념이다. 도심道心은 도덕원칙에 합치되는 도덕의식이고, 인심人心은 개체의 욕구인 감성적 욕구이다. 도덕의식은 이理에서 발현하고, 감성적 욕구는 기氣에 근거하는 것이다. 인심은 모든 욕망을 광범위하게 가리키는 말로, 성리학에서 제거해야할 대상으로서의 사욕私欲과는 구별된다. 사욕은 악惡이지만 인심은 제어하지 않으면 선하지 않은 쪽으로 흐르기 쉬운 그저 위태로운 것일 뿐이다. "인심도심人心道心"설은 한편으로 사회전체의 이익과 개인의 다양한 욕망간의 충돌이 인류사회의 기본적인 모순임을 보여주고 있다. 그렇기에 주자학에서 제시하는 사회와 개인, 이성과 감성, 도덕과 욕망이라는 윤리학적 모순은 보편적인 의미를 지니는 것이다.

4 격물치지론格物致知論

① 격물格物과 치지致知

격물과 치지는 원래 『대학大學』에서 제기된 문제이다. 주자학자들은 격물과 치지 개념으로부터 인식론과 수양론을 이끌어 내고 있다.

격물의 "격格"이란 "이른다.[至]"는 것이고 "물物"이란 "일[事]"과 같다. 사물의 이치를 끝까지 연구하여 그 지극한 곳에 이르도록 한다는 것이다. 격물의 대상은 우주 본체에서부터 풀 한 포기에 이르기까지 모두를 포함한다. 그리고 격물의 방법은 서적을 읽고 사물과 접촉하며 도덕을 실천하는 것이다. 격물의 최종목표는 만사만물과 우주자연의 본디 "그러한 까닭[所以然]"과 "마땅함[所當然]"을 이해하는 것이다. "소이연"이란 사물의 보편적인 본질과 규율을 말하며, "소당연"은 사회의 윤리원칙과 규범을 뜻한다.

치지의 "치致"란 끝까지 밀고 나간다는 뜻이고 "지知"는 깨닫는다는 뜻이다. 나의 지식을 끝까지 밀고 나가서 그 지식을 온전하게 한다는 것이다. 이러한 치지는 격물의 목적이자 결과이다. 사람들이 사물의 이치에 통달하면 그 지식도 철저하게 완비되기 때문이다. 즉 치지는 사물의 이치를 궁리하고 연구하여 얻게 된 지식을 확충한 결과이다.

② 주희 격물설의 의의

격물설의 요점은 첫째, "물에 나아간다.[卽物]"는 것으로 사물과 접촉하며, 둘째, "궁리窮理"로 사물의 이치를 연구하고, 셋째, "지극함에 이른다.[窮至]"는 것으로 지극한 데까지 궁구하는 것이다. 이러한 격물설의 의의로는 외재 사물에 대한 궁리를 강조하여 지식학습의 중요성을 부각시켰다는 점을 들 수 있다. 내심內心에 천부적인 도덕원칙이 있지만, 오직 구체적인 학습이 오래 누적되어야만 비로소 내심의 도덕원칙을 뚜렷하게 드러낼 수 있다는 것이다.

5 이학理學의 집대성자

주희는 정신 수양이 매우 높았던 사상가였으며, 매우 해박한 지식을 소유한 학자로 자연과학에도 조예가 있었다. 북송北宋의 성리학설을 종합하고 정리하여 주자학의 체계를 확립하였다. 이성주의 정신이 관철된 주희의 철학사상은 송대宋代 이후에도 중국문화의 발전에 중요한 역할을 하였으며, 동아시아 유교문화권 국가에도 적지 않은 영향을 끼쳤다.

> **알게 된 내용**
> - 주희는 송대宋代 이학理學의 집대성자이다.
> - 주희의 이성주의 정신은 중국문화에 중요한 역할을 하였으며, 특히 한국을 비롯한 동아시아 유교문화권 국가에도 적지 않은 영향을 끼쳤다.

풀어보기

● 『주자어류朱子語類』

　주희朱熹의 어록을 집대성한 책으로, 정식명칭은 『주자어류대전朱子語類大全』이다. 남송南宋의 주자학자 여정덕黎靖德이 총140권으로 편찬하였으며 1270년에 간행됐다. 내용은 주희朱熹와 문인門人 사이에 행하여진 문답의 기록을 분류·편찬한 것이다.

중국사상가 ㉖ 朱熹

• 중국사상가㉕

주희(朱熹): 1130~1200. 송대(宋代)의 유학자. 자(字)는 원회(元晦)·중회(仲晦), 호는 회암(晦庵). 주요저서로는 『사서집주(四書集註)』 등이 있다.

이학理學의 인식론: 격물궁리格物窮理·격물치지格物致知

알아 볼 내용
- 송대 이학가理學家들의 인식론
- 궁리窮理의 내용

1 송명 이학가들의 인식론 범주

　　송명宋明 이학가理學家들의 인식론은 "격물치지格物致知" 혹은 "격물궁리格物窮理"를 중심으로 하는 "궁리窮理"의 문제를 주요한 범주로 다루고 있다. 궁리窮理란 사물의 이치를 깊이 연구하여 깨달음에 이른다는 것이다. 그런데 이러한 인식의 문제는 "거경궁리居敬窮理", 즉 인식을 기초로 도덕을 실천하고 수양한다는 수양修養의 문제까지 논의하고 있다. 그렇기 때문에 거경궁리居敬窮理라는 수양론修養論의 측면에서 궁리窮理의 문제를 논하자면 거경居敬은 내적인 수양방법을 의미하며 궁리窮理는 외적인 수양방법을 의미한다고 할 수 있다.

2 궁리窮理로서의 격물치지格物致知

격물치지는 앞서 살펴본 대로 사물이나 현상 속에 내재한 이치를 탐구하여 나의 지식을 완전히 이룬다는 의미인데, 이는 가장 구체적이고 적절하게 궁리窮理를 설명해준다. 주희는 인식의 출발점을 격물과 치지로부터 이야기한다. 격물은 사물의 이치를 끝까지 연구하여 그 지극한 곳에 이르도록 하려는 것으로, 사물과 접촉하여 사물의 이치를 끝까지 연구한다는 것이다. 치지란, 격물에 의해 깨달은 지식을 끝까지 밀고 나가서 그 지식을 극진하게 하는 것으로 격물의 목적이자 결과이다. 주희는 격물치지를 통하여 외재 사물에 대한 궁리窮理를 강조하였다. 그는 특히 방법론적으로 지식의 획득을 중요시하였는데, 왜냐하면 구체적인 학습이 오래 누적되어야만 비로소 내심의 도덕원칙을 뚜렷하게 드러낼 수 있기 때문이다.

3 유가儒家 인식론의 특징

일반적으로 인식론이란 인식 혹은 지식 자체를 대상으로 하는 철학의 영역을 말한다. 인식론은 진리의 기준에 관한 문제를 다루며 그 구체적인 내용은 인식의 기원과 본질, 그리고 인식의 한계 등에 관한 탐구이다. 그러나 유가의 인식론은 엄밀하게 말하여 이러한 일반적인 의미의 접근이 이루어지지 못했다. 왜냐하면 유가는 그 접근방법을 달리했기 때문이다.

송대宋代 이학가理學家의 인식론은 다음의 특징들을 보여주고 있다.

① 지知와 행行의 일치

유가 인식론의 특징으로는 우선, 인식[知]과 실천[行]을 일치시키려는 경향을 들 수 있다. 우선 『논어』와 『맹자』 등에서 보이는 선진先秦 유학의 사상은 인식의 문제보다는 실천의 문제를 보다 강조하고 있다. 이후 "선지후행先知後行"을 말한 주희朱熹를 대표로 한 송대 이학가들의 지행관知行觀은 선후先後와 경중輕重의 측면에서 견해를 달리하여 다양한 자신들의 철학을 세웠고 아울러 이를 통해 시대의 문제를 고민했었다. 인식[知]과 실천[行]에 관한 유가의 입장은 비록 논리적인 측면에서 다양한 견해가 제시되어 왔다고는 하지만, 궁극적으로는 인식과 실천이 서로 밀접히 관련되어 서로 불가분의 관계에 있다는 입장을 보이고 있다. 그렇기 때문에 현실적인 실재의 문제에 있어서는 "지행병진知行幷進"의 기본적인 틀이 유가의 지행관知行觀을 관통하고 있다고 말할 수 있다. 유가의 지행관知行觀은 "선지후행先知後行[앎을 먼저 한 후 실천]", "선행후지先行後知[실천을 하면서 앎에 이름]", "지행병진知行竝進[앎과 실천을 함께 이룸]" 등 그 이론이 매우 다양하게 전개되고 있으나, 전반적으로 인식[知]과 실천[行]을 일치시키려고 했다는 점이 보편적인 경향이다.

② 개인의 인격적 완성과 사회적 공리의 실현

유가는 개인의 인격적 완성과 아울러 사회적 공리公利의 실현을 목적으로 한다. 이러한 특징은 수기修己와 치인治人의 측면을 모두 완성하는 것인데, 궁극적으로는 내성외왕內聖外王을 목표로 하는 것이다. 『대학大學』의 격물格物[개개 사물의 본질을 파악하기]·치지致知[개개 사물에 대한 이해를 통해 만사만물을 꿰뚫는 보편적 근본을 이해하기]·성의誠意[세계만물에 대한 이해를 바탕으로 나의 지향을 설정하기]·정심正心[설정된 나의 심지를 닦고 조이기]·수신修身["나"라는 한 개인을 완성하기]·제가齊家[한 가정을 화목하게 이끌기]·치국治國[한 나라를 인의로 다스리기]·평천하平天下[천하를 태평하게 하기]의 팔조목八條目은, 개인의 인격적 완성과 사회적 공리의 실현이라는 수기修己[格物·致知·誠意·正心·修身]와 치인治人[齊家·治國·平天下]의 측면으로 설명될 수 있다. 맹자의 "왕도정치王道政治"나 순자荀子의 "후왕後王"사상도 이러한 면을 보여준다.

③ 주관과 객관의 합일

유가 인식론은 주관과 객관의 합일을 강조한다.

"만물이 모두 내게 갖추어져 있다."
"萬物皆備於我."『孟子·盡心上』

> "중화中和를 완성하면 천지가 제자리를 잡고 만물이 제대로 자란다."
> "致中和, 天地位焉, 萬物育焉."『中庸』

이러한 내용은 모두 주객합일의 인식을 보여준다. 송대의 이학가들은 이러한 인식을 바탕으로, 객관적 사물뿐만 아니라 인식의 주체까지도 인식의 대상으로 삼아 각각의 이치를 깨달음으로써 마침내 우주의 근원인 태극太極까지도 알 수 있다고 하였다. 태극은 송대 이학에서 말하는 최고의 절대적 개념으로, 우주[太極]뿐만 아니라 우리 자신[人極]도 포괄하고 있는 절대적인 선善이기도 하다. 그렇기 때문에 우주의 이치를 통하여 인간 내면의 이치를 깨닫거나, 우리 인간의 내면을 통하여 우주의 이치를 깨닫는다는 다양한 인식론적 방법이 그 안에서 전개되고 있다.

④ 돈오頓悟와 직관

유가 인식론은 돈오頓悟적이며 직관적이다. 이러한 면은 동양철학이 지니는 전반적인 특징이라고도 할 수 있다. 주로『중용中庸』에서 성誠을 중심으로 이야기하는 성명誠明에 관한 논의를 통하여 살펴 볼 수 있다.

> "성誠으로 말미암아 밝아지는 것을 성性이라 일컬으며, 밝음으로부터 성誠되는 것을 교敎라고 일컫는다. 성誠하면 밝아지고 밝아지면 성誠하게 된다."
> "自誠明謂之性, 自明誠謂之敎. 誠則明矣, 明則誠矣."『中庸』

이처럼 『중용』에서는 성誠에서 명明으로 혹은 명明에서 성誠으로 가는 두 가지 사고방식에 관하여 말하고 있다. 명明이란 이것과 저것을 구별해 낼 수 있고 현실의 다양한 상황들을 분석적이며 과학적으로 인식하는 것이며, 성誠이란 이와는 반대로 안과 밖을 아우르는 혼합적이고 미분화된 사고를 의미한다. 그렇기 때문에 일상 현실에서 명明을 통한 단계적 공부는 물론 우선되어야 하지만, 그러나 인식의 질적 비약은 직관적 깨달음인 성誠을 통해서만이 가능하다는 것이다.

송대 이학에서 말하는 격물치지格物致知도 일상생활 속에서의 한 가지 일에 대한 공부를 인식의 출발점으로 삼지만, 인식의 대상을 바꿔 꾸준히 노력하다 보면 어느 하루아침에 세상의 이치를 통달하게 된다는 "활연관통豁然貫通"의 경지에 이르게 됨을 말하고 있다. 송대의 성리학자들은 성현聖賢의 경지에 다다르기 위하여 경전經典을 읽고 연구하는 것을 매우 중시하였다. 왜냐하면 유가의 경전에는 도道라고 불리는 성현의 말씀이 기록되어 있기 때문에 이를 읽고 연구하는 것이 성현의 경지에 이르기 위한 주요한 방법이 된다고 여겼던 것이다. 이학자理學者들은 독서를 통한 활연관통의 경지를 주장한 반면, 송대의 심학자心學者들은 마음속의 본 모습을 깨달아 이러한 직관적인 깨달음의 경지에 이를 것을 추구하였다.

⑤ 인간성에 대한 확신

유가 인식론은 인간성에 대한 확신으로부터 출발하고 있다. 공자와 맹자의 사상으로 대표되는 선진先秦유학은, 사람은 누구나 요堯와 순舜처럼 될 수 있다는 인간에 관한 보편적인 긍정을 통해 궁극적으로는 누구나 참 모습을 깨달아 성인聖人이 될 수 있다는 가능성을 인정하였다.

이학理學에서 최고의 범주로 다루어지는 태극太極은 우주의 근원이고 최고의 이理이기도 하지만, 모든 만물 속에는 보편자로서의 태극이 또한 내재하고 있다. 비록 인간은 기氣의 편차偏差에 따라 능력의 차이를 나타내고는 있으나 궁극적인 차원에서 말하자면 모든 인간은 태극을 인식할 수 있으며, 그렇기 때문에 모든 인간은 정도의 차이만 있을 뿐 본질적인 차이는 없다고 할 수 있다.

⑥ 도덕적 가치

도덕적 가치에 관한 문제를 유가 인식론에서는 매우 비중 있게 다룬다.

"아침에 도道를 들으면 저녁에 죽어도 좋다."
"朝聞道, 夕死可矣."『論語·里仁』

여기서 "도道"로 표현한 유학의 진리는 인도人道로서, 선善을 추구하며 현실의 생활 속에서 공동체를 이루어 사람다운 삶을 사는 것이다. 사람다운 삶이란 바로 유가적인 인의仁義와 도덕道德의 실현이기도 하다.

송대의 이학은 왜 그러한지를 의미하는 "소이연所以然"을 밝히는 동시에 그 상황에 어떻게 대처하는 것이 옳은가를 의미하는 "소당연所當然"을 깨달아 가는 과정을 설명하고 있다. 여기서 말하는 소이연所以然과 소당연所當然은 모두 절대적 선善인 이理이며 이를 인식하고 실천하는 것은 도덕군자로서의 당연한 의무이기도 하다.

> **알게 된 내용**
> - 송대의 이학가들은 "격물치지格物致知"를 통하여 인식과 실천의 문제를 연구하였다.
> - 유가의 인식론은 인식과 실천의 일치를 통해 개인의 인격적 완성과 사회적 공리의 실현을 목표로 하는 것이다.

풀어보기

● 거경居敬

거경居敬이란, 정신을 한 군데로 집중시켜 다른 곳에 마음을 빼앗기지 않는다는 "주일무적主一無適"의 의미를 담고 있다. 구체적인 수양방법으로 "존심양성存心養性"과 "존양성찰存養省察" 등이 있다.

● 소이연所以然과 소당연所當然

『대학혹문大學或問』에 나오는 개념들이다. 소이연은 주로 사물의 보편적인 본질과 규율을 의미하며, 소당연은 주로 사회의 윤리원칙과 규범을 의미한다.

● 내성외왕內聖外王

내성외왕內聖外王은 『장자莊子·천하天下』에 나오는 말이다. 안으로는 성인聖人의 도덕적 자질을 갖추고 밖으로는 이러한 자질을 바탕으로 왕도王道를 구현하는 것이다. 구체적으로 그 용어가 갖고 있는 내용은 "내內"라는 자신의 문제와 "외外"라는 실천의 문제로서, 내외를 모두 겸비한 성인聖人과 제왕帝王이라는 이상적 인간상을 보여주고 있다.

● **후왕사상後王思想**

『순자荀子・비상非相』에서 순자는 요堯・순舜・우禹・탕湯으로 대표되는 선왕先王들의 문물과 제도는 모두 고증할 수 없으므로 후대의 왕인 주周의 문왕文王・무왕武王・주공周公 등의 도道를 본받아야 한다고 주장하였다.

중국사상가 27

陸九淵

* 중국사상가 ㉗

　육구연(陸九淵): 1139~1192. 남송(南宋)의 유학자. 호는 존재(存齋)·상산(象山), 시호(諡號)는 문안(文安). 주요저서로는 『상산선생전집(象山先生全集)』(36권)이 있다.

진량陳亮과 주희朱熹의 왕패王霸·의리義利에 관한 논쟁

알아 볼 내용
- 왕패王霸론과 의리義利론의 내용
- 왕패王霸와 의리義利에 관한 진량陳亮과 주희朱熹의 견해

1 왕패王霸론과 의리義利론

① 왕패론

"왕패王霸"란 전국戰國시대에 천하 통일을 위해 제시되었던 정치의 도리로서 왕도王道와 패도覇道를 말한다. 맹자는 공자로부터 기원한 덕치주의德治主義의 정치이념에 입각하여 패도를 버리고 왕도를 실현해야 한다고 역설했다. 송대宋代에 이르러 정이程頤는 천리天理의 바름을 얻고 인륜의 지극함을 다하는 것이 왕도이며, 사심과 편파적인 인의仁義에 입각한 것을 패도라고 하여 왕패를 엄격히 구분했다. 주희朱熹는 왕도와 패도를 성성誠과 위僞로 결부시켜 설명하였는데, 하은주夏殷周 삼대三代를 왕도의

전성시대로 보고 그 이후의 시기는 패도의 시기로 구분하였다.

② 의리義利론

의리義利론은 의義와 이利를 대립적으로 보느냐, 아니면 보완적 관계로 보느냐를 주제로 한 철학적 논의이다. 의義는 도덕적 표준으로써 행위의 동기와 관계된 것이고, 이利는 물질적 이득으로써 행위의 결과와 관련된 것이다.

의義와 이利의 관계에 대해서는 역대로 많은 견해가 있었다. 공자는 이 양자를 대립적인 개념으로 설정하고, 도덕적 행위의 표준인 의義에 의하여 이利가 절제되어야 함을 주장했다.

"군자는 의에 밝고 소인은 이에 밝다."
"君子喩於義, 小人喩於利."『論語・里人』

"이익을 앞에 두고 의로운 것인가를 생각한다."
"見利思義."『論語・陽貨』

한편 맹자는 이利를 추구하지 말고 인의仁義를 실천하여 왕도정치王道政治를 실현하라고 역설했다. 물질적 이득보다 도덕적 실천을, 결과보다 동기를 중시하라는 것이다. 주희는 의義와 이利를 천리天理와 인욕人欲의 관계로 이해하면서, 의義는 공적인 것이고 이利는 사적인 것이라 정의했다. 육구연陸九淵 역시 의義와 이利를 명확히 구분한 바 있다.

2 진량은 누구인가

진량陳亮(1143~1194)의 자字는 동보同甫이고 호號는 용천龍川이며 시호는 문의文毅이다. 절강성浙江省 영강永康 사람이다. 실용實用과 경제經濟의 학문을 강조하여 당시의 학풍에 적지 않은 영향을 끼쳤다. "사공事功"을 강조하여 영강공리학파永康功利學派 혹은 절동학파浙東學派라 불렸다. 『용천문집龍川文集』,『삼국기년三國紀年』 등의 저서가 있다.

3 진량의 『왕패의리지변王覇義利之辨』

고래古來의 왕패王覇·의리義利의 구분과 그 기준에 관하여 논증한 진량의 글이다. 진량은 왕패와 의리義利에 관한 논의가 맹자나 순자에 의하여 제기 되었지만, 아직도 그 구분이 명확하지 않다고 여겼다. 또한 송유宋儒들이 천리天理와 인욕人欲으로 설정한 왕패의리王覇義利의 기준은 역사적 사실에 어긋난다고 보았다. 송유들이 왕자王者만 높이고 패자覇者는 낮추지만, 패자가 결코 나쁜 것만은 아니라는 것이다. 의리義利의 두 범주 역시 전혀 상반되는 개념이 아니라 통일적 혹은 보완적으로 이해될 수 있다고 보았다. 결국 왕패의리王霸義利의 구분을 타파하고 그 결과를 주목하자는 주장이다.

4 왕패의리王霸義利 논쟁의 전개와 그 의의

① 왕패의리 논쟁의 전개

1182년부터 10여 년에 걸쳐서 주희朱熹와 진량陳亮 사이의 서신 왕래를 통하여 전개되었다. 주희가 진량에게 보낸 13편은 『주문공문집朱文公文集』에 실려 있고, 진량이 주희에게 보낸 8편은 『용천문집龍川文集』에 수록되어 있다. 주희는 진량에 대하여, 자신의 뛰어난 재능에 자부심이 컸던 나머지 공을 세워 이름을 떨칠 생각만 하고 진실한 자기 수양에는 힘쓰지 않는다는 비판적인 평가를 한 바 있다. 이에 진량은 사공事功의 입장을 추구함으로써 의리義理를 추구하는 주희의 입장과 상반된 견해를 펼치게 되었다. "중의경리重義輕利[義는 중하고 利는 가벼움]"와 "이의제리以義制利[義로써 利를 제어함]"를 표방한 주희에 대해 진량은 "의리쌍행義利雙行[義와 利는 함께 할 수 있음]" 혹은 "왕패병용王霸並用[왕도와 패도를 적절하게 혼용함]"을 주장했다. 하지만 진량의 갑작스런 죽음으로 결국 결말을 보지 못한 채 이 논쟁은 끝을 맺고 말았다.

② 왕패의리王霸義利 논쟁의 의의

이 논쟁은 당시 사상계의 주요 논쟁의 하나였다. 현실 인식에 관한 성리학과 반反 성리학의 이론을 종합적으로 반영함과 동시에, 윤리학적인 측면에서 동기주의와 결과주의의 대립을 보여주는 논쟁이다.

알게 된 내용

- 진량은 현실적인 결과를 중시하는 사공事功의 입장을 추구하였고, 주희는 도덕적인 올바름인 의리義理를 추구하는 입장을 취하였다.
- 이들의 논쟁은 윤리학적인 측면에서 동기주의와 결과주의의 대립을 보여준다.

풀어보기

● **왕도**王道

　왕王·패覇에 대한 논설은 중국 전국戰國시대의 맹자孟子에 의해서 주장된 것이다. 고대 성왕聖王의 도덕을 바탕으로 한 정치를 왕도王道라 부른다.

● **패도**覇道

　천자天子의 힘이 쇠미해진 춘추시대 이후부터 패자覇者와 힘이 있는 제후諸侯가 실력으로 제후와 백성을 통제하려고 하는 정치를 패도覇道라 불렀다.

중국사상가 ㉘ 王守仁

- **중국사상가** ㉘

  왕수인(王守仁): 1472~1528. 명대(明代) 중기의 유학자. 자(字)는 백안(伯安), 호는 양명(陽明), 시호(諡號)는 문성(文成). 제자와의 토론이 담긴 『전습록(傳習錄)』(3권)이 있다.

심학心學이란 사상이 말하려는 것은 무엇인가

알아 볼 내용
- 심학心學의 전개과정
- 육구연陸九淵의 심학사상

1 심학心學이란?

심학心學은 일반적으로 인간의 주관적인 "심心"을 세계의 근원으로 삼는 학문이다. 이러한 견해를 철학주제로 삼은 심학파心學派는 송명이학宋明理學 중 육구연陸九淵으로부터 시작되는 학파를 말한다. 그리고 심학파는 육구연陸九淵에 의하여 창시되고 명대明代 왕수인王守仁에 의해 집대성되었기 때문에 "육왕심학陸王心學" 혹은 양명학陽明學이라고도 불린다.

2 심학의 연원

정호程顥는 맹자의 "만물은 나에게 갖추어져 있다.[萬物皆備於我]"라는 사상을 중시하였다. 이 말은 "모든 존재는 인식될 뿐이다.[萬有唯識]"라는 불교철학의 영향을 받은 것이나, 그는 더 구체적으로 "마음이 곧 하늘이다.["只心便是天", 『程氏遺書』卷二上]"라는 설을 제시함으로써 "자기가 곧 척도요, 척도는 곧 자기이다.["己便是尺度, 尺度便是己", 『程氏遺書』卷十五]"라는 점을 분명히 하고 있다. 이러한 그의 관점은 다분히 심학적이라고 할 수 있으나 이를 직접적으로 심학으로 부를 수는 없다. 정호의 제자 사량좌謝良佐 역시 정호의 이와 같은 관점을 계승하여 주관적인 정신을 중시하는 경향을 보였다. 그는 마음이 하늘의 이치라고 생각하였다.

"마음과 천지는 같은 부류이고 육체와 정신은 하나이다."
"心與天地同流, 體與神明爲一."『論語解序』

여기서 정호程顥와 정이程頤의 학문적 특징, 특히 정호程顥와 심학心學과의 관계에 대해 한 번 생각해 볼 필요가 있다. 정호와 그의 동생 정이程頤의 학문은 낙학洛學으로 통칭되지만, 많은 학자들은 정호가 내향적인 체험을 더욱 중시했다는 점을 들어 이정二程의 차이점을 설명하고 있다. 그리고 이러한 면은 정호가 추구하는 정신 경지가 정이와 근본적으로 달랐다는 점에 기인하고 있기도 하다. 그리하여 일부의 학자들은 이러한 이정二程 학문의 차이를 심학과 이학의 측면으로 견주면서 정호를 심학의 원류로, 정이를 이학의 원류로까지 보고 있다. 그러나 이러한 차이는 결코 남송시기 심학과 이학의 근본적인 분기점은 아니다. 그렇기 때문에 정주정주[程頤와 朱熹]의 이학과 정호의 사상이 전혀 다른 경지를 추구한다고 단정하여서도 안 된다. 여기서는 단지 송대 이학의 전통에서 볼 수 있는 이학파 내부의 "심心" 중시 경향을 보여주기 위해 정호程顥와 사량좌謝良佐에 관하여 언급했을 뿐이다. 송대의 심학은 어쨌든 육구연陸九淵에 의하여 비로소 창시되었다고 보아야 한다.

3 심학의 창시자 육구연陸九淵

① 육구연은 누구인가

육구연陸九淵(1139~1193)은 자字가 자정子靜이며, 강서성 무주撫州의 금계金溪에서 태어났다. 그가 귀계貴溪의 상산象山에서 강학講學하였으므로 상산선생이라 불려졌다. 그는 개성이 매우 강하였으며 열 몇 살 때 생각한 "우주가 바로 나의 마음이고, 내 마음이 곧 우주이다.[宇宙便是吾心, 吾心卽是宇宙]"라는 명제는 그의 철학 주제가 되었다. 저서로는 『육구연집陸九淵集』이 있다.

② 육구연의 심학

육구연은 아호鵝湖에서의 주희朱熹와의 회합 및 그와의 서신을 통하여 무극無極과 태극太極・기질지성氣質之性과 천명지성天命之性・천리天理와 인욕人慾 등 송대 이학의 기본문제를 토론하였는데, 이러한 토론의 과정에서 밝힌 자신의 입장을 중심으로 심학파를 창시하였다.

③ 심즉리心卽理

심학은 정주程朱의 이학과 대립되는 견지에서 출현한다. 육구연은 "이理"와 "심心"을 둘로 나눠보는 견해에 불만을 품고, "마음이 곧 이치"라는 "심즉리心卽理"의 명제를 제시하였다. 우리의 마음은 온갖 이치를 포함하기 때문에 우주는 곧 내 마음이고 내 마음은 곧 우주이다. 따라서 성인聖人의 도道 역시 독서에 의존하지 않고 "나의 본심을 밝힘[發明本心]"으로써 체득이 가능하다는 것이다. 육구연은 자신의 공부를 "간이공부簡易工夫"라고 하고, 독서 등을 중시하는 주희의 공부는 "지리支離"라고 표현함으로써 그의 학문이 주희와 반대되고 있음을 보여주고 있다.

④ 아호鵝湖에서의 회의

육구연이 "심즉리心卽理"의 입장에서 이학을 비판하자 자연히 주희와 마찰이 일어날 수밖에 없었다. 당시 육구연보다 아홉 살이 위였던 주희는 여동래呂東萊의 소개로 1175년에 강서江西 신주信州의 아호鵝湖에서 육구연과 변론을 가진 적이 있다. 주로 토론된 내용은 사람을 가르치는 방법에 관한 것이었는데, 비록 양자 간에 뚜렷한 결론을 내지는 못했으나 주희는 육구연의 기백만큼은 칭찬을 아끼지 않았다고 한다. 주희와 육구연의 논쟁은 송대 유학 내부의 논쟁이었다. 그렇기 때문에 그들은 공자와 맹자를 종주宗主로 삼는 것에서는 다를 바가 없었다. 하지만 가르침의 방법을 세우는데 있어서는 서로 다른 견해를 가졌던 것이다.

⑤ 백록동서원白鹿洞書院 강의

아호鵝湖에서의 회합 이후 6년이 지난 즈음, 주희는 육구연을 백록동서원으로 초청하여 강의토록 하였다. 이것이 바로 중국 사상사에서 가장 유명한 강의중의 하나인 백록동 서원 강의이다. 1181년 2월 육구연은 그곳에서 "군자는 의에 밝지만 소인은 이익에 밝다.[君子喩於義, 小人喩於利]"는 『논어論語』의 한 구절을 주제로 강의를 하였다. 그의 강의에 청중들은 깊은 감동을 받았고, 폐부를 찌르는 육구연의 목소리에 모두들 꼼짝도 할 수 없었다. 그의 엄숙한 문책을 듣고 스스로 부끄러움을 느낀 사람들은 눈물까지 흘렸다.

육구연과 주희는 이미 1175년에 아호鵝湖에서 만나, 서로의 사상적인 입장 차이를 확인한 바 있다. 그러나 주희가 육구연을 백록동 서원의 강의에 초청한 데서 볼 수 있듯이, 그들은 사상적으로는 비록 견해가 일치하지는 않았지만 서로에 대한 존경심은 대단했다고 할 수 있다.

4 육구연陸九淵의 후학後學과 명대明代의 양명학陽明學

육구연陸九淵의 제자들은 주로 강서江西와 절동浙東에 분포되어 있었고, 육구연 사후 이곳 제자들에 의하여 심학은 계속 발전하였다. 특히 "천지는 나의 천지고 변화는 나의 변화다.[天地, 我之天地. 變化, 我之變化]"라고 주장하여 육구연의 심학을 유아론唯我論적으로 발전시킨 양간楊簡은 대표적인 육구연의 제자이다.

남송南宋과 원대元代에 이르는 시기, 육구연의 심학은 정주程朱의 이학理學과 영향을 주고받으면서 심학적 전통을 이어왔다. 그렇기 때문에 일부의 학자들은 원대元代를 중심으로 하는 이 시기의 이학理學 학풍의 성격을 "주륙조화朱陸調和"라고도 말한다.

명대明代에 이르러도 이러한 심학적 전통은 꾸준히 이어져 내려와 심체心體의 작용을 강조하고 있는 오여필吳與弼과 이理를 만물의 근본으로는 여기지만 이를 심心으로 여긴 진헌장陳獻章, 그리고 감천학파甘泉學派를 창시한 담약수湛若水로 이어졌다. 특히 담약수의 학문은 왕수인王守仁에게 상당한 영향을 끼쳤다.

왕수인은 육구연의 "심즉리"설을 발전시켜 양명학陽明學을 창시하였고, 명대明代 사상계의 주도적인 지위에 서게 된다. 왕수인 이후 명대의 심학은 당시의 예교禮敎질서를 부정하던 태주학파泰州學派의 창립을 보게 되고, 유종주劉宗周와 황종희黃宗羲 등 사상계의 중요한 인물들이 출현하여 명대 중후기에 매우 큰 영향력을 발휘하였으며 청대淸代 사상의 발전에도 깊은 영향을 미쳤다.

> **알게 된 내용**
> ・심학心學파는 육구연陸九淵에 의하여 창시되고 명대 明代 왕수인王守仁에 의해 집대성되었다.
> ・심학은 이학과 함께 유학사상의 양대 주류를 형성하고 있다.

풀 어 보 기

● **사량좌**謝良佐: 1050~1103

자字가 현도顯道이고 수춘壽春의 상채上蔡사람이다. 그는 정호程顥의 제자로 이정二程의 문하에서 가장 뛰어나다고 평가받고 있다. 그의 저작으로는 주희가 편집한 『논어해論語解』와 『상채어록上蔡語錄』이 있다.

● **양간**楊簡: 1141~1226

자字가 경중敬仲이며 자계慈溪에서 태어났다. 그는 자호慈湖에 집을 짓고 살았기 때문에 자호선생이라 불리고 있다. 그의 주요 저작으로는 『자호유서慈湖遺書』와 『양씨역전楊氏易傳』이 있다.

중국사상가 29 李贄

- **중국사상가 ㉙**

  이지(李贄): 1527~1602. 명대(明代)의 사상가·문학가. 호는 탁오(卓吾). 어린아이의 천진한 마음 그대로를 존중한다는 동심설(童心說)을 통해, 유가의 예교(禮敎)와 유교경전들을 비판한 유교의 이단아였다.

육구연陸九淵의 심학心學이 이학理學과 다른 점

알아 볼 내용

· 육구연의 본심本心과 심학사상

1 본심本心

"본심本心"은 육구연陸九淵의 심학心學을 이해하는 데 있어 가장 중요한 개념이다. 이는 선험적인 도덕 이성으로 "양심良心"이기도 한데, 『맹자』의 다음 구절로부터 유래한 것이다.

"사람이 배우지 않고도 할 수 있는 것은 양능良能이고, 깊이 생각하지 않아도 알 수 있는 것은 양지良知이다."
"人之所不學而能者, 其良能也. 所不慮而知者, 其良知也."『孟子·盡心上』

그가 보기에 부도덕한 행위는 양심이나 본심을 상실하기 때문에 발생하는 것이다. 도덕의식은 모든 사람이 지닌 마음의 본래 상태로서 어느 시대 어떤 사람에게나 모두 존재하는 영원하고 보편적인 것이다. 육구연이 말하는 본심이란 바로 윤리학에서 말하는 양심인데, 이러한 양심은 학습이나 사회생활에 전혀 의존하지 않으며 시대를 초월하는 보편성을 띤 것이다.

2 심즉리心即理

본심은 종종 심心이라고 간단히 부르기도 한다. 본심은 도덕 원칙의 근원으로 이理이며, 본심의 이理는 우주의 이理와 동일하다. 심心은 일반적인 사유주체로서의 마음을 뜻하기도 하는데, 일반적인 지각주체라는 의미에서 마음은 옳고 그릇됨이 있게 되는 것이다.

육구연은 심心과 본심本心을 엄격하게 구분하지는 않았다. "심즉리心即理"라는 명제는 모든 지각 활동이 이理에 합치된다는 의문점을 불러일으킬 수도 있다. 그러나 육구연은 내심의 도덕 준칙과 우주의 보편적 이理 사이의 동일성을 강조했다. 육구연은 심心에 관한 본심이 도덕 주체라는 측면에서 맹자를 계승하였지만, 심心이 일반적인 지각 주체라는 의미에서는 주희朱熹와 일치하는 경향을 보인다.

3 격물格物

육구연은 격물格物을 궁리窮理로 해석하는 정이程頤의 영향을 받았다. 격格의 의미가 지극함을 궁구하는 것이기에 격물을 공부의 시작으로 여겼다. 그런데 격물을 "격심格心"으로 이해했기에, 육구연에게는 본심을 드러내는 것이 공부론의 핵심이다.

4 정좌靜坐

정좌靜坐는 본심本心을 밝히기 위해 제시된 수양방법이다. 육구연은 정좌를 통하여 신비적인 체험을 하였고, 실제로 학생들에게 도를 체득하고 이치를 밝히는 중요한 방법으로 정좌를 가르쳤다.

5 존덕성尊德性

아호鵝湖에서의 주희와의 변론에서 주로 토론된 내용이다. 논쟁의 초점은 도덕 함양과 경전의 연구라는 둘 사이의 관계를 어떻게 이해하고 처리할 것인가에 관한 것이었다. 학문의 목적은 도덕적 경지를 실현하는 것이다. 그러나 경전의 학습이나 외부 사물을 연구하는 것은 도덕에 직접적인 도움이 되지 않는다는 것이다. 육구연은 요순堯舜이 성현聖賢이 될 수 있었던 예를 통하여 독서가 반드시 필요한 것만은 아니라는 점을 설명하였다. 물론 책을 읽는 것을 절대적으로 반대하지는 않았으나, 다만 먼저 본심本心을 발양할 것 즉 존덕성尊德性의 우선성을 강조한 것이다. 이렇듯 독서를 통한 학습을 낮게 평가하면서, 자신의 공부는 쉽고 간단한 "간이簡易"공부라고 하였다.

6 내면의 동기

육구연은 어떤 한 사람을 도덕적으로 평가하기 위해서는 그 사람의 행위의 내재적인 동기를 관찰하여야 한다고 생각했다. 예를 들어, 어떤 사람이 머리를 싸맨 채 성현聖賢의 책을 공부한다면 이러한 행위는 매우 훌륭하게 보일 것이다. 그러나 그 공부하는 동기가 단지 과거에 급제하여 이름을 날리기 위한 것이라면 그를 군자로 부를 수 없다는 것이다.

7 육구연 사상의 의의

육구연의 심학은 정주程朱의 이학理學에 대립하는 견지에서 출현하였다. 육구연의 학설과 주희의 학설의 차이는 다음과 같이 정리할 수 있다. 첫째, 육구연은 "심즉리心卽理[心이 곧 理]"를 말한 반면 주희는 "성즉리性卽理[性이 곧 理]"를 말했다. 둘째, 육구연은 "명심明心[마음을 밝히는 것]"

을 중시하는 반면 주희는 "격물格物[사물의 이치를 탐구하는 것]"을 중시했다. 육구연의 학설은 당시에 상당한 영향력이 있었으며, 특히 명대明代 왕수인王守仁에 의해 새롭게 활력을 찾고 커다란 발전을 이뤘다.

알게 된 내용

- 육구연陸九淵은 "본심本心" 개념을 중심으로 심학파心學派를 창시하였다.
- 육구연의 심학은 주희의 성리학과 함께 당시 양대 주류를 형성하였다.

풀어보기

● 정좌靜坐

앉아서 호흡을 가다듬고, 심기心氣를 가라앉히며, 정신을 하나로 집중시키는 정신수양법이다.

중국사상가 30

黃宗羲

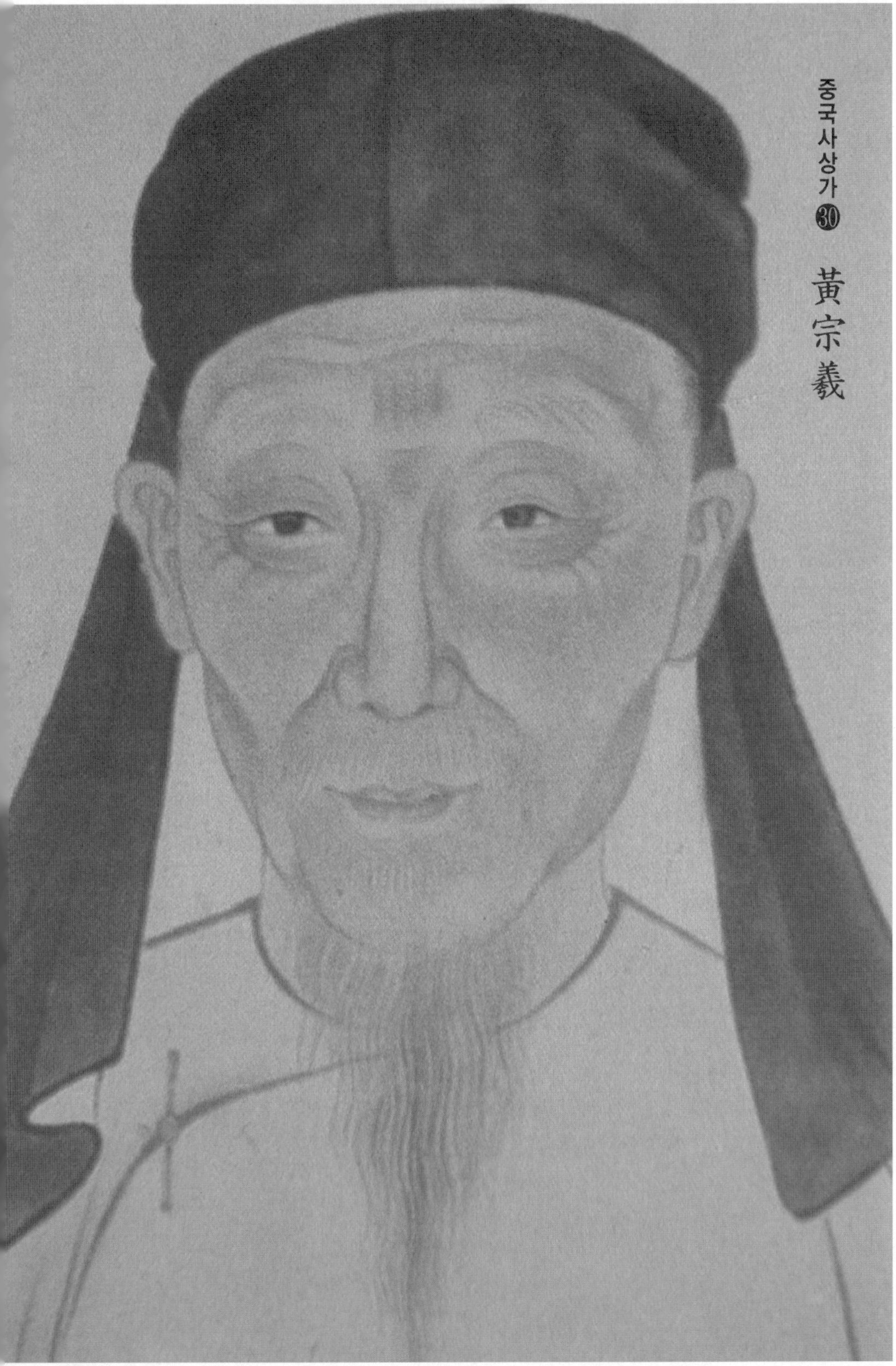

- **중국사상가 ㉚**

황종희(黃宗羲): 1610~1695. 명말청초(明末淸初)의 사상가. 자(字)는 태충(太沖), 호는 남뢰(南雷)・이주(梨洲). 박람(博覽)과 실증(實證)을 존중하였다. 주요저서로는 『명유학안(明儒學案)』, 『명이대방록(明夷待訪錄)』 등이 있다.

왕수인王守仁의 지행합일知行合一을 주장한 까닭

알아 볼 내용

- 왕수인王守仁의 철학사상
- 왕수인王守仁 지행관知行觀의 특징
---

1 왕수인王守仁 인물전기

왕수인王守仁(1472~1528)의 자字는 백안伯安이고 시호는 문성文成이며 호號는 양명陽明이다. 회계산會稽山 양명동陽明洞에 살면서 스스로 양명자陽明子라 불렀다. 명대明代의 가장 영향력 있던 사상가이며, 특히 명대 "심학心學"운동의 대표인물이다. 주요 저작으로는 『전습록傳習錄』이 있다.

2 『전습록傳習錄』

제자들이 왕수인의 말[語錄]과 학문을 논한 편지글을 모아 기록한 책이다. 주로 제자들의 물음에 대한 왕수인의 답변으로 구성되어 있다. 왕수인의 학술뿐만 아니라 왕문王門 후학의 사상적 특징을 해명하는 주요 자료이기도 하다.

"전습傳習"이란 『논어』에 나오는 증자曾子의 말에서 유래하였다.

> "나는 하루에 세 번 나 자신을 반성한다. 사람과의 관계에서 진실하지 아니하였는가? 벗들과 사귀는 데 믿음이 부족하지는 아니하였는가? 선생께 배운 것에 대해 익히는 것이 부족하지는 아니하였는가?"
> "吾日三省吾身, 爲人謀而不忠乎, 與朋友交而不信乎, 傳不習乎."『論語·學而』

『전습록』은 모두 상·중·하 3권으로 구성되어 있다. 상권은 주로 왕수인의 40세 전후 어록이 많고, 중·하권은 50세 이후의 내용이 중심을 이룬다.

3 용장오도龍場悟道

왕수인은 37세 때 "용장오도龍場悟道"를 통하여 주자학과는 다른 독자적인 사상체계를 형성하게 되었다.

> "성인聖人의 도道는 나의 본성에 갖추어져 있다. 이전에 이理를 사물에서 구하려고 한 것은 잘못이다."

"始知聖人之道, 吾性自足, 向之求理於事物者, 誤也."「年譜」戊辰條

왕수인은 주희의 격물설格物說이 이치와 마음을 둘로 나누는 것은 잘못이라고 지적하고, "심즉리心卽理"설에 근거한 새로운 "격물치지格物致知"설을 주장하였다. 그 후, 50세에 이르러서는 "치양지致良知"설을 학문의 종지宗旨로 삼게 된다. 56세에는 왕수인철학의 중심인 "사구교四句敎"에 관하여 정리하였다.

4 양명철학의 주요내용

① 격물치지格物致知

주자학朱子學과 양명학陽明學은 학문의 방법인 『대학大學』의 "격물치지"를 서로 달리 해석하였다. 주희는, 격물을 물物에 나아가 그 이치를 탐구하는 것으로 보고, 치지는 격물의 결과로서 나의 지知를 점진적으로 축적하여 내 마음의 본체를 온전히 하고 지식을 크게 활용하는 것이라 생각하였다. 한편 왕수인은 "격格"을 "정正"으로, "물物"을 "일[事]"로 해석하였다. 왕수인에게 있어, 일은 마음이 발동한 의意가 있는 곳을 의미하며 물物은 주로 도덕적인 실천행위를 가리킨다. 그리고 치지致知의 지知는 선천적 "양지良知"를 가리키는 것이다. 그러므로 치지란 내 마음의 양지良

知를 모든 사물에 확충하여 하늘로부터 부여받은 양지를 도덕 실천 행위 속에서 운용하는 것을 말한다.

격물치지는 사물을 어떻게 인식해야 하느냐의 인식론의 문제이다. 왕수인은 주자학의 격물치지 방법에 회의를 품기 시작하였고, 마침내 용장오도龍場悟道를 통해 독자적인 학설을 세운 것이다.

② 심즉리心卽理

주희의 "성즉리性卽理"는 결과적으로 이理와 기氣를 둘로 나누어 봄으로써 심성心性과 심리心理의 이분화를 초래했다. 한편 왕수인의 "심즉리心卽理"는 마음 자체가 바로 이치임을 말한다. 이때의 마음이란 인간이 선천적으로 타고난 본심本心, 즉 양지良知를 가리킨다. 마음의 본체인 양지良知란 바로 선천적인 도덕 원리로서의 천리天理를 말하는데, 도덕 주체인 마음과 보편적 도덕법칙인 천리天理는 같다.

③ 치양지致良知

"치지"는 『대학大學』에서, "양지"는 『맹자孟子』에서 취한 개념이다.

> "사람이 배우지 않고도 할 수 있는 것은 양능良能이고, 깊이 생각하지 않아도 알 수 있는 것은 양지良知이다."

"人之所不學而能者, 其良能也. 所不慮而知者, 其良知也."『孟子・盡心上』

왕수인은 말년에 "치양지致良知"설을 제기함으로써 이전의 "인욕人慾을 제거하여 천리天理를 보존[去人欲存天理]"한다는 "성의誠意" 중심에서 내 마음의 양지良知를 발현하는 "치양지" 중심으로 그 공부 방법을 달리하였다. "치致"자에는 "확충"과 "회복"의 두 가지 의미가 있다. 왕수인은 "치양지"설을 통하여 주희의 "격물치지"설의 지행知行 분리와 심心과 이理의 분리라는 두 가지 중대한 결점을 지적하였다.

④ 지행합일知行合一

왕수인은 주희의 "선지후행先知後行[앎을 먼저 한 후 실천함]"설을 비판했다. 사실 "치양지"설의 논리전개 과정은 곧 "지知"와 "행行"의 통일 과정이라 할 수 있다. "지知", 곧 내 마음의 양지良知는 시비선악을 분별하고 결정하는 주체이며, 행동을 표시하는 "치致"는 선을 좋아하고 악을 싫어함을 말하기 때문이다. "지행知行"은 원래 합일되어 있는 것이나 사욕에 의해 단절된다고 보았다. 그러므로 반드시 치양지의 공부를 통하여 지행합일이라는 본래의 모습을 회복해야 한다는 것이다.

⑤ 사구교四句敎

왕수인은 56세 때 제자 전덕홍錢德洪(1494~1578)과 왕기王畿(1498~1583)의 요청에 의해 천천교天泉橋 위에서 자신의 사상의 큰 줄기를 네 구절로 설명한 바 있다. 이를 "천천증도天泉證道"라고도 한다.

> "선도 없고 악도 없는 것은 마음의 본체이고, 선도 있고 악도 있는 것은 의념의 움직임이며, 선을 알고 악을 아는 것은 양지이고, 선을 행하고 악을 제거하는 것은 격물이다."
> "無善無惡心之體, 有善有惡意之動, 知善知惡良知, 爲善去惡格物."

사구교 논변의 중심은 본체와 공부에 관한 것이다. 이에 왕기는 본체를 중시하였고, 전덕홍은 공부의 측면을 강조하였다. 왕기는 심心・의意・지知・물物이 "체용일원體用一源"의 관계에 있다고 보아 심心이 무선무악無善無惡하다면 의意・지知・물物 또한 무선무악하다고 하는 "사무四無"설을 주장하였다. 반면 전덕홍은 "사유四有"설을 주장하였는데, 심체心體는 본래 지극히 선하지만 사람에게는 습심習心이 있으므로 반드시 선을 함양하고 악을 제거하는 공부를 통해 본체를 회복시켜야 한다고 강조했다.

중국사상사에 있어서 사구교를 둘러싼 왕기와 전덕홍의 "사무사유四無四有" 논변은 이후 양명학파의 분화를 유발시키는 단서가 되었다. 양명학 분화의 직접적인 원인이 되었을 뿐 아니라 명말明末사상사에 있어서 왕수인의 사구교에 대한 여러 학자들 간의 논쟁의 단서가 되기도 하였다.

5 양명철학의 의의

왕수인은 송대宋代 육구연의 심학을 계승하여 심학의 부흥운동을 제창하고 이끌었다. 전체적으로 볼 때 왕수인의 사상은 주희朱熹 철학에 대한 반동이라 할 수 있다. 명대明代 중기의 정치 상황과 날로 경직돼 가던 정주학程朱學의 실상을 비판한 것이다. 또한 양명철학은 유가 사상의 기초 위에서 불교사상의 자양분을 흡수하려고 노력함으로써 그 뒤에 이어진 삼교합일三敎合一의 추세를 촉진시켰다.

> **알게 된 내용**
> - 왕수인의 양명학은 송대 육구연의 심학사상을 계승하여 발전한 것이다.
> - 양명학은 주희의 "격물치지"설에 대한 비판적인 입장을 통하여 "심즉리"와 "치양지" 그리고 "지행합일" 등을 주장하였다.

풀 어 보 기

● 용장오도龍場悟道

  왕수인王守仁은 일찍이 사장詞章을 두루 탐독하고, 불가와 도가 사상에도 관심을 많이 가졌다. 그런 가운데 그는 용장龍場에서 큰 깨달음을 얻는다. 용장오도龍場悟道라 일컬어지는 이 깨달음의 요체는 성인聖人의 도道가 이미 나의 본성에 갖추어져 있으니 이理를 따로 사물에서 구하려고 하는 것은 잘못이라는 것이다. 이러한 용장龍場에서의 깨달음이 있고 난 후 그의 사상은 큰 변화와 발전이 있게 된다. 정좌靜坐나 치양지致良知의 이론은 바로 이러한 깨달음 이후에 나온 것들이다.

중국사상가 31
顧炎武

- **중국사상가 ㉛**

  고염무(顧炎武): 1613~1682. 명말청초(明末淸初)의 학자. 자(字)는 영인(寧人), 호는 정림(亭林). 청대(淸代) 고증학(考證學)의 창시자이다. 주요저서로는 『음학오서(音學五書)』,『일지록(日知錄)』등이 있다.

송명宋明 이학가理學家들은 "이일분수理一分殊"설을 어떻게 이해하였을까

알아 볼 내용

- 송대 이학가理學家들의 "이일분수"설
- 주자학의 "이일분수"설

---

1 "이일분수理一分殊" 란?

　　이일분수理一分殊는 송대 철학자들이 토론한 중요한 철학주제들 가운데 하나이다. 이일분수에 관한 논의는 주돈이周敦頤의 『통서通書』에서 처음 그 모습이 드러나지만, 정이程頤에 의하여 본격적인 논의가 이루어지고, 주희朱熹에게서 그 체계가 잡혔다.

　　주희는 이일분수의 개념으로 세계를 관철하는 절대원리와 구체적인 사물 속에 내재하는 각각의 특수원리와의 일치성을 설명하였다. 이는 곧 세계 만물 모두를 관장하는 보편적인 법칙[理一]이 개별적인 계기들을 통해 분화되어 나감으로써[分殊], 구체적인 사물이나 현상의 특수 법칙이 된다는 이론이다. 이 때 분화되어 가는 보편적인 법칙은 천天의 끊임없이 살아 움직이는 운행으로부터 파악되어 추상화된 천리天理이며, 그에 따라 개개의 사물이나 현상은 동일한 법칙으로부터 자신의 법칙을 부여받음으로써 그 본질적인 측면에서는 동일성을 유지하게 된다. 따라서 개개사물, 혹은 현상의 차별성은 단지 그 형질形質의 측면, 즉 기氣의 측면에서만 나타난다.

2 송대宋代 여러 학자의 이일분수설理一分殊說

① 주돈이周敦頤의 "이일분수"설

이학理學의 시조인 주돈이는 『통서通書』에서 이일분수에 관한 초보적인 언급을 하였다.

"만 가지는 하나가 되고 하나는 만 가지가 나뉜 것이다. 만 가지와 하나가 각기 바름을 얻으면 크고 작음이 정해진다."
"是萬爲一, 一實萬分, 萬一各正, 小大有定."『通書』

이 말은 "일一" 혹은 "태극太極"이 만 가지 각기 다른 사물을 이루고 만든다는 의미를 내포하고 있다. 정이程頤는 후에 이러한 주돈이의 견해를 종합하여 "이일분수"설을 제시하게 된다.

② 장재張載의 『서명西銘』에 나타난 "이일분수"설

정이程頤는 장재가 『서명』에서 이일분수를 밝혀놓았으며, 아울러 만물은 모두 하나의 이치이고 한 사물의 이치는 즉 만물의 이치임을 말한 것으로 보고 있다. 장재는 우주에는 최고의 이리가 있고, 만물에게 있는 각각의 이理는 바로 이러한 최고의 이理가 체현體現된 것으로 보고 있다.

③ 정이程頤의 "이일분수"설

주자학의 전형적인 범주인 "이일분수"설은 정이程頤에게서 비롯된 것이다. 그는 장재張載의 『서명西銘』에 대한 제자 양시楊時의 질문에 답하는 과정을 통해 주로 윤리적 문제에 한정하여 이 이론을 제시하였다. 즉 그는 모든 인간에게 미치는 인애仁愛의 도리의 일관성과, 부자父子 관계를 시작으로 하여 혈연적으로 친근한 관계로부터 도덕적 실천의 단계를 설정하는 유가儒家의 독특한 실천방법론과의 관계를 이일理一과 분수分殊의 관계로 파악하였다. 그리하여 『서명』에 나타난 사해동포주의四海同胞主義의 언급을 묵가墨家의 주장과 일치하는 것으로 본 양시楊時의 의문을 해소하였던 것이다.

④ 장구성張九成의 "이일분수"설

장구성張九成은 일심一心의 이치를 궁구하여 천하의 이치를 관통하고 한 사물의 이치를 궁구하여 만물의 이치를 관통한다는 이론을 폈다. 또 그 하나를 관통하여 만 가지를 실행하게 되면 또한 만 가지를 수습하여 하나로 귀결시킬 수 있다고도 하였다. 그는 주관적인 깨달음인 "일심의 이치[一心之理]"를 가장 근본으로 여기고 있으며, 만물의 이치는 바로 일심의 이치의 통제를 받는다고 주장하였다. 장구성의 이러한 주장은 이정二程으로부터 육구연陸九淵으로의 사상전환에 있어서 중간적인 연결고리이기도 하다.

⑤ 호굉胡宏의 "이일분수"설

호굉胡宏은 이일분수에 관한 자신의 독특한 견해를 밝혔다. 그는 "성性"을 우주의 본체로 여김으로써 이리에 관한 견해를 제시한다. 그는 성性을 총체적인 것으로 여기고 이리를 국부적인 것으로 여긴다. 그는 또한 성性은 만 가지 이치를 갖추고 있으며, 만물에는 서로 같지 않은 이리가 있다고 하였다. 호굉의 이러한 주장은 정이程頤와 주희朱熹가 말하는 이일분수와 대체로 비슷하다.

3 주희의 "이일분수" 설

주희는 정이程頤의 사상을 계승하면서도 그것을 단지 윤리적인 문제에

만 한정시키지 않고 존재론과 우주론의 영역으로까지 확대시켰다.

① 본질과의 동일성

주희는 우선 "이일분수"설을 통해 우주의 본체로서의 태극太極과 만물의 성性, 즉 본질과의 동일성을 설명하였다. 그의 설명에 의하면 태극은 우주의 보편 법칙이자 만물의 존재 근거로서 모든 만물은 그것을 품수稟受받아 자신의 본질로 삼는다. 만물의 본질은 비록 태극으로부터 품수된 것이지만 태극의 일부분이 아니라 태극과 동일한 내용을 가진 것으로서 의미상 서로 일치한다. 따라서 만물 가운데 각각의 태극이 존재하는 것이다. 즉 개개사물의 태극과 전 우주의 본체로서의 태극은 동일하다. 단지 만물 모두에게 구비되어 있는 태극을 전체적이고 종합적인 측면에서 말한다면 총체적인 태극이 되며, 개별적이고 구체적인 측면에서 말한다면 개별적인 태극이 된다. 이 때 총체적인 태극이 이일理一이며, 개별적인 태극은 분수分殊이다. 이렇게 주희는 우주의 본체와 만물의 본질과의 관계를 천명함에 있어 "이일분수"설을 이용하여, 만물의 본질이 우주의 본체에서 기원하며 또한 그것을 근거로 삼는다는 것, 그리고 만물의 본질과 우주의 본체와는 아무런 차별성도 존재하지 않는다는 것을 설명하였다.

② 본말本末

주희는 "이일분수"설을 통해 근원적인 것[本]과 파생적인 것[末]의 관계를 논증하였다. 원래 정이程頤의 "이일분수"설을 체용론적體用論的인 관점에서 이일理一을 체體로, 분수分殊를 용用으로 이해할 수 있지만, 그는 이일理一과 분수分殊 사이에 어떠한 본말本末의 관계도 설정하지 않았다.

그러나 주희는 이일理一과 분수分殊를 본원적인 것과 파생적인 것의 관계로 설정하였다. 그에 의하면 근원적인 면에 있어서 태극은 만물의 궁극적 근원이다. 그의 이기론理氣論은 논리적으로나마 "이선기후理先氣後[理가 먼저고 氣는 나중]"의 입장을 견지하기 때문에, 발생론적으로 보면 태극이 먼저 존재하고 그 다음에 기氣가 있으며 그런 연후에 만물이 발생한다. 따라서 만물에 존재하는 이理는 궁극적 본원인 태극에서 파생된다. 근원으로서의 태극과 그로부터 파생된 것으로서의 만물에 존재하는 태극이 갖는 의미는, 근원으로서의 태극[理一]과 그로부터 파생된 것으로서의 만물의 본질[分殊]이 동일하다는 점이다. 이렇게 주희는 "이일분수"설을 이용하여 근원적인 것과 파생적인 것의 불가분적인 연관과 그 내용의 동질성을 설명하였으며, 이일분수의 "수殊"가 차별성을 의미하지 않는다는 것을 분명히 하였다.

③ 보편법칙과 개별법칙

주희는 "이일분수"설을 통하여 보편적인 법칙과 구체적인 법칙과의 관계를 논증하였다.

> "이理는 다만 하나이나 도리는 모두 같다. 그러나 그 신분이 다르기 때문에 군신君臣에게는 군신의 도리가 있고, 부자父子에게는 부자의 도리가 있다"
> "理只是這一箇, 道理則同, 其分不同. 君臣有君臣之理, 父子有父子之理."『朱子語類』卷6

이러한 견해에 의하면, 개개인은 자신이 처한 바의 상대적 지위에 따라서 그 자신의 도덕적 의무를 설정하며 이로써 그에 맞는 상대적인 도덕적 행위를 실행한다. 그러나 어떠한 양식을 취하든 간에 모든 도덕적 행위 속에는 통일적인 도덕원칙이 내재해 있다. 다시 말하자면 도덕의 기본법칙은 항상 구체적이고 상대적인 행위규범을 통해 드러나는데, 이것이 이일분수라는 것이다. 이러한 인식에 기초하여 주희는 개개사물의 구체적 법칙과 성질이 모두 자신의 고유한 내용을 가진다고 파악하였다. 따라서 만물의 본질에 있어서의 동일성이란 그 구체적 법칙의 직접적 동일성이 아니라 구체적 법칙을 통해 파악되는 보다 높은 차원의 동일성으로, 구체적 법칙이란 결국 크게 보면 하나의 법칙을 표현하는 것을 의미한다. 그러므로 주희에게 있어서 인식의 최종단계는 구체적 법칙들에 대한 인식의 축적, 즉 결국 일리一理의 인식이었다.

④ 주희의 "이일분수"설의 의의

주희는 "이일분수"설을 이용하여 보편적인 법칙과 구체적인 법칙의 관계를 해명함으로써, "이일분수"설을 본체론 설명의 기초로 삼았을 뿐만 아니라 인식론과 방법론의 기초로도 삼았다. 이렇게 주희의 "이일분수"설은 세계와 인간을 해명함에 있어 보편성과 구체성·근원과 파생·동일과 차별 등의 제 관계를 해명하는 근본적인 원칙으로 사용되었다. 그것은 본질적으로 인간세계를 부자父子와 군신君臣 등 개별적인 질서로 파악하는 인간관과 만물일체萬物一體의 자연관을 조화시키려는 시도였으며, 그러한 의미에서 유가의 전통적인 윤리관을 우주론적으로 논리화시킨 것이라고도 볼 수 있다. 또한 만물의 근원적 동질성과 개체적 다양성을 모두 이理로써 설명하려고 하는 주희의 "이일분수"설 속에는 당연히 이理가 우위를 점하는 경향이 있는데, 이러한 경향은 주희의 사상이 주리론主理論으로 발전해 가는데 일정한 기여를 하였다.

알게 된 내용

- 주희는 "이일분수"설로 자신의 인식론과 방법론의 기초로 삼았다.
- 이일분수의 개념은 세계를 관철하는 절대원리와 구체적인 사물 속에 내재하는 각각의 특수원리와의 일치성을 설명한다.

풀 어 보 기

● 『서명西銘』

원래는 장재張載의 저작 『정몽正蒙』의 마지막 편인 「건칭乾稱」의 서두에 있는 문장이다. 장재가 학자들을 위하여 쓴 한 편의 명문銘文으로 이를 "정완訂頑" 또는 "서명"으로 불렀다. 이정二程은 『서명』이 맹자 이후 가장 뛰어난 유가의 견해라고 하였다.

중국사상가 32

王夫之

• 중국사상가 ㉜

왕부지(王夫之): 1619~1692. 명말청초(明末淸初)의 사상가・문학자. 자(字)는 이농(而農), 호는 강재(薑齋)・일호도인(一瓠道人). 황종희(黃宗羲)・고염무(顧炎武)와 함께 명말청초의 3대 학자라 불렸다. 주요저서로는『독통감론(讀通鑑論)』,『황서(黃書)』,『시탁(詩鐸)』등이 있다.

송명宋明 이학가理學家들의 이욕理欲에 관한 논쟁은 무엇인가

알아 볼 내용

- 이욕理欲의 내용
- 이욕理欲에 관한 송명이학가宋明理學家들의 논변

---

1 천리天理와 인욕人欲

① 천리天理란?

천리天理란 선천적으로 선善한 본성을 가리키는 말로서 인간의 본성 속에 본래부터 갖추어진 올바른 도리道理이다. 천리天理라는 개념은 『예기禮記』에 처음 나온다.

 "사람이 날 때부터 고요한 것은 천성天性이다. …… 자신을 돌이켜
보지 않으면 천리天理는 없어진다."
 "人生而靜, 天之性也. …… 不能反躬, 天理滅矣."『禮記·樂記』

그러나 『한시외전韓詩外傳』과 『장자莊子·천운天運』 등에서는 만사만물의 조화를 이루는 자연의 조리條理라는 의미로 쓰였으며, 『사기史記·천관서天官書』와 『수서隋書·천문지天文志』 등에서는 두괴사성斗魁四星 가운데의 귀인뢰貴人牢라는 별이름을 가리키기도 했다.

송대宋代 이전에는 그다지 중요시되지 않았지만, 정호程顥에 이르러 비로소 철학적인 중요한 개념으로 부각되었다. 이후 인仁·의義·예禮·지智를 모두 아우르는 말로서 인욕人欲과 대비되는 윤리학적 연구의 한 주제가 되었다.

② 인욕人欲이란?

인간의 이기적인 욕심 혹은 사욕私欲이라고도 하며, 천리天理에 대비되는 개념이다. 이 역시 『예기禮記·악기樂記』에서 비롯된 개념으로, 송대宋代 성리학性理學에 이르러서 천리天理와 함께 도덕철학의 중요한 개념으로 받아들여졌다.

2 이욕理欲에 관한 송명宋明 이학가理學家들의 견해

① "이욕理欲"논쟁의 유래

『예기禮記・악기樂記』에 "좋아하고 싫어함에 절도가 없는 것[好惡無節]"은 곧 "천리天理를 없애고 인욕人欲을 좇는 것[滅天理而窮人欲者也]"이란 구절이 있다. 이는 기본적으로 필연적인 도덕규범 안에서 절제를 통한 욕망의 실현을 주장하는 것이다. 그러나 송대宋代에 이르러 이학理學은 불교와 도교의 멸욕滅欲과 무욕無欲의 성분을 보태어 이욕理欲에 관한 문제를 더욱 진전시킨다. 송대 성리학性理學에서 말하는 이욕理欲논쟁은 인욕을 천리로부터 분별하고 그것을 제거하려는 노력이었다.

② 천리를 드높이고 인욕을 없애자는 주장

장재張載는 대체로 송대宋代 이학가들의 이욕理欲에 관한 견해를 따라, 천리와 인욕을 서로 대립되는 것으로 보고 천리의 회복과 인욕의 배제를 주장하였다. 그러나 그는 욕심을 적게 할 것[寡欲]을 주장했지만 욕심을 아예 없앨 것[無欲]은 말하지 않았다.

"먹고 마시는 것과 남녀 간의 정情은 모두 본성인데 어찌 없앨 수 있겠는가?"
"飮食男女皆性也, 是烏可滅."『正蒙・乾稱』

또한 그는 백성의 이익을 중시하고 통치자의 사욕을 제한할 것을 주장하기도 했다.

"백성에게 이로우면 이利라 할 수 있으나, 몸이나 나라에 이로우면 이는 이利가 아니다."
"利於民, 可謂利, 利於身利於國皆非利也."『理性拾遺』

주돈이周敦頤는 도교사상의 영향을 받아 도덕정신의 최고 경지에 도달하는 길이 "무욕無欲"임을 강조하였다.

"무욕無欲하면 고요할 때 텅 비고, 움직일 때 곧다. 고요할 때 텅 비면 밝게 알고, 밝게 알면 통달한다. 움직일 때 곧으면 공정하고, 공정하면 넓게 된다."
"無欲則靜虛動直, 靜虛則明, 明則通, 動直則公, 公則溥."『通書・聖學』

정호程顥는 인욕의 제거를 천리의 조건으로 삼았다.

"사사로운 욕망을 없애야 천리가 밝아진다."
"滅私欲, 則天理明矣."『二程遺書』卷24

정이程頤는 궁실宮室・음식・형벌 등은 천리天理의 마땅함이지만 화려한 집・호화로운 사치・가혹한 형벌・명분 없는 전쟁 등은 인욕人欲이라고 규정하였다. 그는 사람이 불선不善하게 되는 것은 인욕 때문이라고 하여 인욕을 악惡의 근원으로 보았다. 그렇기 때문에 마음을 기르는 데에 있어서 과욕寡欲[욕심을 줄이는 것]을 더욱 강조하였다.

사량좌謝良佐는 인간 내부에 갖추어진 도덕적인 준칙과 마음은 천리天

理이지만, 이에 반하여 개인적인 욕망에 따르는 것은 인욕人欲이라고 하였다. 따라서 인욕이 많이 일어날수록 그만큼 천리는 소멸된다는 것이다.

주희朱熹는 인의예지仁義禮智의 총명總名이 곧 천리天理인 반면 인욕人欲은 이와 정반대가 되는 개념이라고 하여 양자의 엄격한 구별을 주장하였다. 그는 인간이 가지고 있는 모든 욕망을 인욕이라고 규정한 것이 아니라, 욕망이 과불급過不及[너무 지나치거나 너무 모자라는 것]하거나 중절中節[적절한 절제]을 잃게 되어 나타나게 되는 사사로운 욕망인 사욕私欲으로서의 인욕을 없앨 것을 주장한 것이다.

"인욕 가운데 천리가 있다."
"人欲中自有天理."『朱子語類』卷13

"천리와 인욕은 같이 유행하면서도 다른 정情이다."
"天理人欲, 同行異情."『朱子語類』卷13

이러한 견해는 천리에 부합하는 인욕을 설명하는 것이다.

"천리와 인욕은 함께 설 수 없다."
"天理人欲, 不容並立."『朱子語類』卷13

한편 이는 천리에 대립되는 인욕을 설명하는 것이다. 우리가 제거해야 할 것은 바로 이러한 천리와 대립하는 인욕이라는 것이다.

왕수인王守仁은 천리天理를 보존하고 인욕人欲을 제거해야 함을 치양지

致良知 공부의 중요한 과제로 삼았다. 그는 양지良知인 천리가 드러나지 않는 이유는 인욕 때문이니, 양지를 회복하기 위해서는 인욕을 제거하는 것이 필수적이라고 생각하였다.

③ 천리와 인욕의 통일을 도모하자는 주장

이구李覯는 이利를 매우 중시하였다.

"인간은 이로움이 없으면 살지 못한다."
"人非利不生."『富國策』

그는 인간의 도덕윤리가 풍부한 물질생활의 기초 위에 세워져야 한다고 하였다.

호굉胡宏은 인간의 감정이 공적인 근거를 갖는가, 사적인 근거를 갖는가에 따라 천리와 인욕으로 구별된다고 하여, 천리와 인욕이 "동체이명同體異名[이름은 다르지만 본질이 같음]"임을 주장하였다. 그는 인간의 욕망 자체는 본성에서 기인하는 것으로 악惡이거나 부정의 대상은 아니며, 그것을 잘 조절하면 최고의 선善에 도달할 수 있다고 생각하였다.

진량陳亮은 사회 공리公利를 도덕의 준칙으로 삼고 있다.

"결과가 이루어진 곳에 덕이 있고, 일이 이루어진 곳에 이치가 있다."

"功到成處, 便是有德, 事到濟處, 便是有理."『宋元學案・龍川學案』

육구연陸九淵은 천리와 인욕이라는 말이 노자老子에게서 기인된 것이라고 주장하였다. 그래서 천天을 이리로, 인人을 욕欲으로 규정하는 것은 "천인합일天人合一"의 원칙에 어긋나며 사리에도 맞지 않는다고 하여 이 말을 부정하였다.

나흠순羅欽順은 『곤지기困知記』에서 인욕은 천리에서 나온 것이기 때문에 욕망 그 자체를 배척해서는 안 된다고 보았다.

왕부지王夫之는 인욕을 통하여 천리가 드러난다고 보았다.

"인욕을 각기 얻음이 곧 천리의 대동大同이다."
"人欲之各得, 卽天理之大同."『讀四書大全說・孟子』

"인욕의 커다란 공정성은 곧 천리의 지극한 바름이다."
"人欲之大公, 卽天理之大同."『讀四書大全說・孟子』

또 『주역외전周易外傳』에서는 인욕이 있으면 곧 천리가 있고 천리는 곧 인욕 속에 있으므로 인욕을 끊어버리면 천리도 없어진다고 하여, 생존을 위한 물질욕망의 합리성을 긍정하였다.

대진戴震은 천리와 인욕을 구분하는 것을 부정하고 새로운 절욕설節欲說을 주장하였다. 그는 욕망을 제거할 것이 아니라, 자기의 욕망만을 따르고 남의 욕망을 무시하는 "사私"와 지혜의 결핍으로 자기의 잘못된 견해만을 옳다고 고집하는 "폐蔽"를 없애야 한다고 주장하였다.

3 "이욕지변理欲之辨"의 의의

"이욕理欲"의 문제를 통하여 송명宋明 이학가理學家들은 도덕윤리와 물질욕망과의 관계를 탐구하였다. 천리와 인욕을 구별하고 인욕을 제거하여 천리를 보존하자는 주장은, 모든 욕망을 부정하는 것이 아니라 비자연적이라고 할 수 있는 과다한 욕망에 대한 부정이었던 것이다. 유가의 전통적 입장은 "무욕無欲"을 주장한 것이 아니며, 천리로써 인욕을 절제할 것을 주장한 것이다. 그들의 주장은 인간의 사욕私欲으로부터 발생하는 비도덕적인 일체행위를 부정함으로써, 보편적인 도덕법칙이 구현되는 사회를 이루고자 했던 것이다.

알게 된 내용

- "이욕理欲"의 문제를 통하여 송명 이학가들은 도덕윤리와 물질욕망과의 관계를 탐구하였다.
- 송명이학가들은 인간의 사욕私欲으로부터 발생하는 비도덕적인 일체의 행위를 부정함으로써 보편적인 도덕법칙이 구현되는 사회를 이루고자 하였다.

풀어보기

● **나흠순**羅欽順: 1465~1547

　　명대明代 중기의 정치가이자 사상가로, 자는 윤승允升이고 호는 정암整菴이다. 주자학의 이기론理氣論에 부분적인 수정을 가했으며, 왕수인王守仁이 쓴 『주자만년정론朱子晚年定論』을 정면으로 비판하였다. 주요저서인 『곤지기困知記』는 명말·청초에 주자학이 다시 활기를 되찾았을 때 높이 평가되었다.

중국사상가 ㉝ 顏元

• 중국사상가 ㉝

안원(顔元): 1635~1704. 명말청초(明末淸初)의 사상가. 호는 습재(習齋), 자(字)
는 혼연(渾然). 그의 학문은 양명학(陽明學)에서 출발했지만, 극단적인 공리주
의(功利主義)와 실리주의(實利主義)를 제창하였다.

중국고대철학을 총결한 왕부지王夫之

―――― 알아 볼 내용 ――――
- 왕부지王夫之 철학사상의 내용
- 왕부지를 중국 고대철학의 총결자로 평가하는 이유

1 왕부지는 누구인가

왕부지王夫之(1619~1692)의 자字는 이농而農이고 호號는 강재薑齋이며 호남湖南 형양衡陽 사람이다. 만년에 형양衡陽의 석선산石船山에 살았으므로 선산船山선생이라 불린다. 황종희黃宗羲·고염무顧炎武와 함께 명말明末·청초淸初의 삼대 학자로 꼽힌다. 그는 진사시험에 합격하였으나 명明의 유신遺臣이라는 이유로 끝내 벼슬길에 나가지 않았으며, 평생을 강학講學과 저술에만 몰두하였다. 사론史論에도 뛰어났고 고전古典 해독이나 고증考證에도 탁월하였다. 특히 그는 노장사상老莊思想과 불교佛敎의 인식론을 비판적으로 섭취하는 한편, 기독교와 유럽의 근대과학까지도 살펴본 바 있다. 당송唐宋 이래의 형이상학적 학문 경향과 명말明末의 학풍을 반대하였으며, 특히 양명학陽明學을 맹렬히 배척하였다. 북송北宋 장재張載의 기론氣論을 매개로 자신의 기철학氣哲學을 전개하였는데, 기氣만이 우주의 실체이며 만물의 생성 소멸은 기氣의 이합집산離合集散과 변화에 의한 운동태運動態임을 주장하였다. 그의 철학은 그 후 대진戴震·유헌정劉獻廷·담사동譚嗣同 등에 깊은 영향을 주었다. 저서로는『독통감론讀通鑑論』·『독사서대전설讀四書大全說』·『주역외전周易外傳』 등이 있으며, 이들은 청말清末 증국번曾國藩에 의하여『선산유서船山遺書』라는 이름으로 편집되어 간행되었다.

2 중국 고대철학의 총결이 가능했던 시대적 조건

① 정치 분야

명청明淸 교체기의 사상가인 왕부지는 반청反淸 무장투쟁에 참여했었다. 하지만 반청투쟁이 실패하자 학문 연구에 주력하게 되었다. 명明 패망의 역사가 주는 교훈을 검토함으로써 현실 문제에 대해 이론적 해답을 제시하고자 한 것이다. 왕부지는 명왕조가 패망하는 과정에서 송명이학宋明理學이 사회에 끼친 폐해를 피부로 느꼈고, 이에 관한 비판을 통하여 진보적인 입장에 서서 중국의 고대 철학에 관한 총결을 하게 된다.

② 사상자료 분야

중국의 과학과 철학이 장기간 이룩한 발전은 이전의 학문과 사상에 대한 왕부지의 비판적 총결을 가능하게 하였다. 이시진李時珍의 『본초강목本草綱目』・서광계徐光啓의 『농정전서農政全書』・송응성宋應星의 『천공개물天工開物』・방이지方以智의 『물리소식物理小識』 등은 당시 자연과학의 발전과정과 그 결과를 보여주고 있다. 이러한 과학발전에 따른 저작물들의 출현은 과학적인 사고의 진전을 이끌었고, 왕부지가 고대의 철학을 기철학氣哲學으로 총결할 수 있게 하는 기본 조건이 되었다.

3 철학사상

① 기론氣論

왕부지는 장재張載의 "허공은 모두 기이다.[虛空皆氣]"라는 "허즉기虛卽氣" 이론을 계승하여 이를 발전시켰다. 그는 "인온絪縕"으로 기氣의 본체를 나타내고 "취산聚散"으로 본체와 만물과의 관계를 설명한다. 구체적인 사물은 비록 생멸生滅이 있지만 물질의 기氣는 생멸生滅이 없다는 것이다.

왕부지는 이기理氣관계에 있어, 이理의 독자성을 인정하지 않고 이理는 다만 기氣 가운데 있다고 보았다. 그리고 그는 이러한 이기理氣관계를

『주역周易・계사전繫辭傳』의 "도기道器"와 연결하여 이해하였다. 그에 의하면, 도道는 이理이고 기器는 기氣라고 할 때, 도道와 이理는 기氣 혹은 기器에 종속되는 것으로서 구체적인 사물에서 벗어난 추상적인 도道 혹은 이理란 있을 수 없다는 것이다.

> "천하에는 오직 기器만이 있을 따름이다. 도道는 기器의 도道이며 기器는 도道의 기器라고 부를 수 없다."
> "天下惟器而已矣. 道者器之道, 器者不可謂道之器也."『周易外傳』

이러한 입장은 기器에 비해서 도道를 우위에 두었던 이전 유학자들의 견해와는 다르다. 기器에 대한 중시는 이理에 대해 기氣를 중시하는 것이기도 하다.

② 지행관知行觀

왕부지는 기氣 일원론의 입장으로부터 객관客觀의 물物이 심心이라는 주체를 떠나서 존재한다는 것을 인정하였으며, "체용體用"의 논리로 "능소能所"관계를 설명하였다. "소所"는 객관대상으로서 "거짓으로 있는 것[假有]"이 아니라 "실제로 있는 것[實有]"이다. "능能"은 객체에 작용을 일으킬 수 있는 주체로서 "허무虛無한 것"이 아닌 "실제로 그 작용이 있는 것[實有其用]"이다. 왕부지는 "소능所能"관계를 통하여 "유심唯心" 혹은

"유식唯識"이라는 불교의 지식론을 비판하였고, 아울러 이를 기초로 지행知行 문제를 총결하였다.

왕부지는 지행知行관계에 관하여 지知와 행行은 서로 의뢰하고 또한 서로 작용하여 떨어질 수 없다고 보고 있다. 그러나 지知와 행行은 결코 동등한 것은 아니다.

> "안다는 것은 곧 행동으로 공功이 드러나지만, 행동은 안다는 것으로 공功이 되지 않는다. 행동은 앎의 효과를 얻을 수 있지만, 안다는 것은 행동의 효과를 얻지는 못한다."
> "且夫知也者, 固以行爲功者也. 行也者, 不以知爲功者也. 行焉, 可以得知之效也. 知焉, 未可以得行之效也."『尙書引義·說明二』

> "행行은 지知를 겸할 수 있지만 지知는 행行을 겸할 수 없다."
> "行可兼知, 而知不可兼行."『尙書引義·說明二』

이러한 견해는 바로 행行을 강조하는 것이다. 왕부지가 이처럼 행行을 강조하는 것은 당시 사회현실의 요구 때문이었다. 국가가 혼란에 처하고 민족이 위급할 때에 가장 필요하고 중요한 것은 실제의 행동을 통하여 나라와 백성을 구하는 것이다. 이러한 면은 정주程朱학자들처럼 하루 종일 앉아서 도道를 논하는 공허한 철학을 연구하는 것과는 차원이 다르다.

③ 역사관歷史觀

왕부지의 역사관은『독통감론讀通鑑論』과『송론宋論』에 잘 나타나 있다. 왕부지는 역사의 발전을 필연적인 법칙으로 이해하고 있으며, 선진先秦시대의 세습적인 봉건제도로부터 진한秦漢시대 이후의 관료제적인 군현제郡縣制로의 이행을 역사의 필연적인 과정으로 보고 있다.

왕부지는 유종원柳宗元의 "세勢" 사상을 계승하고 이를 적극적으로 발휘하여 "이세합일理勢合一"의 역사관을 제시하였다. 세勢란 역사의 발전 추세이고, 이理란 역사의 발전규율 혹은 규칙을 의미한다. 그는 인류사회의 역사를 끊임없이 변화 발전하는 과정으로 이해하면서 각각의 역사시대는 각각의 특수한 발전 규율이 있다고 생각하였다.

"도道가 그 이理를 얻으면 자연히 세勢를 이루게 되며, 또한 세勢가 필연적으로 있게 되는 곳에서만 이理를 볼 수 있다."
"道得其理, 則自然成勢, 又只在勢之必然處見理."『讀四書大全說・孟子・離婁上』

"순조롭고 필연적인 세勢는 이理이며, 이理의 자연스러운 것이 천天이다."
"順必然之勢者理也, 理之自然者天也."『宋論』卷7

"천天이라는 것은 이理일 뿐이다. 이理는 세勢가 순조롭다는 것일 뿐이다."
"天者理而已矣, 理之自然者天也."『宋論』卷7

이러한 견해들을 통해, 왕부지는 인류의 역사가 하나의 이理와 세勢의 통일적인 자연스러운 과정이며, 이理와 세勢의 통일적인 규율성은 역사발전의 필연적인 추세를 통하여 볼 수 있다고 여겼음을 알 수 있다. 왕부지는 나아가 세勢는 시時에 근거하며, 이理는 세勢에 근거한다는 주장을 폈다. 세勢는 현실의 시대적 조건에 좌우된다. 시대적 조건이 다르면 역사 또한 서로 다른 발전 방향으로 나아가게 되고, 서로 다른 발전 방향으로 나아가게 된다는 것은 서로 다른 역사규율을 갖추게 된다는 것이다.

④ 명命·력力, 습習·성性에 관한 비판적 총결

왕부지는 명命이 "이치의 유행[理之流行]"이라고 보고, 명命이란 사람이 위배할 수 없는 것이라 여겼다. 그러나 그는 다른 한편에서는 "조명造命"을 인정함으로써 사람이 객관적 규율에 따라 대처할 수 있다고 생각하였다. 한편 그는 사람과 금수가 다르다고 보았다. 금수의 타고난 본능은 그들의 일생을 결정하지만, 사람은 자신의 천생적인 본능에 만족하지 못하여 하늘과 대립하게 된다고 보고 있다. 이러한 자연, 즉 천天과의 대립을 통하여 사람들은 매일 새로운 "명命"을 만들어 내게 되고, 자연과의 왕래를 통하여 끊임없이 자기를 개조하고 자기의 덕성을 배양하게 된다는 것이다.

왕부지는 습관이 성품이 된다는 "습이성성習以性成"의 논리를 받아들이고 있다.

"성性은 생리生理이다, 어느 날 생기면 그 날 만들어진다."

"性者生理也, 日生則日成也."『尙書引義・太甲二』

인성人性은 매일 매일 생성되고 발전하는 것으로 동물들처럼 처음에 생긴 명命이 일생을 결정하는 것은 아니라는 것이다.

4 왕부지 사상의 의의

왕부지는 철학의 영역뿐만 아니라 역사학・논리학・미학 등의 분야에서도 아주 큰 학술적 공헌을 하였다. 그러나 그의 사상은 당시엔 거의 주목받지 못하였고, 더구나 청조淸朝의 지배에 반항했던 그였기에 그의 저작은 금서禁書가 되었다. 청말淸末에 이르러서야 같은 고향 출신인 증국번曾國藩・증국전曾國荃 형제에 의해 그의 저작들이『선산유서船山遺書』로 편집・출간됨으로써 그의 사상은 세상을 풍미하게 된다. 대진戴震・유헌정劉獻廷・담사동譚嗣同 등은 왕부지의 영향을 깊이 받아 그의 학설을 존중하고 그를 추앙하였으며, 나아가 청나라 말기에는 오랑캐를 배척하는 민족주의 혁명가들의 공감을 불러일으켰다.

> **알게 된 내용**
> ・왕부지王夫之는 자신의 기론氣論을 중심으로 당시의 사상과 학설을 비판적으로 종합・정리하였다.
> ・왕부지의 사상은 당시의 현실을 반영하는 것으로 훗날 민족주의 혁명가들에게 영향을 주었다.

풀어보기

● 유종원柳宗元: 773~819

　　중국 당대唐代의 유학자이다. 자字는 자후子厚이고 산동山東 운성현運城縣에서 태어났다. 그를 유하동柳河東이라고도 부른다. 한유韓愈와 함께 고문古文 운동에 앞장서 당송팔대가唐宋八大家의 한 사람으로 불린다. 그는 "원기元氣"를 물질의 객관적인 존재라고 하여 당시에 유행하던 인과응보因果應報 사상을 배척하였으며, 유불도儒佛道 삼교三敎의 조화를 주장하기도 하였다. 저서로는 『하동선생집河東先生集』이 있다.

● 담사동譚嗣同: 1865~1898

　　중국근대의 정치가이자 사상가로, 자는 복생復生이고 호는 장비壯飛이며 호남湖南 류양瀏陽 사람이다. 무술유신운동戊戌維新運動을 주도한 사람 가운데 하나이다. 1894년 조선에서 갑오농민전쟁甲午農民戰爭으로 청일전쟁이 일어나자, 중국의 허약함에 통분하여 개혁에 뜻을 두고 신학新學을 적극 제창하고 변법變法을 선전했다. 정치적으로는 봉건군주제를 맹렬히 공격하고 봉건적인 삼강오상三綱五常과 도덕관념을 비판했다. 저서로 『인학仁學』이 있으며, 그의 저작은 대부분 『담사동전집譚嗣同全集』에 전해진다.

중국사상가 ㉞

戴震

- **중국사상가** ㉞

　대진(戴震): 1724~1777. 청대(淸代)의 경험론적 철학자·역사지리학자·고증학자. 자(字)는 동원(東原). 청대(淸代) 최고의 사상가로 추앙받고 있다.

명明·청清 교체기에 등장한 "경세치용經世致用"은 무엇인가

알아 볼 내용
· 명청 교체기에 출현한 "경세치용經世致用" 학문

1 경세치용經世致用이란?

민생民生의 안정과 사회의 발전 등 현실적 문제의 해결을 도모하는 것이 유학의 경세치용經世致用 이념이다. 한편 "경세치용經世致用의 학學"이란 이러한 이념의 구현을 제일 목적으로 삼는 학문으로, 명말明末부터 청초淸初에 걸친 유학의 사조 혹은 학풍을 가리킨다. 경세치용은 명청 교체기에 많은 학자들이 공통적으로 주장한 학설이다. 학술연구가 현실에서 벗어나는 것을 반대하고 국가에 이로우며 민생의 실질을 헤아리는 실사實事를 강조했다. 학술연구와 당면한 현실을 긴밀하게 결합시키고 고대 전적典籍에 관한 해석을 수단으로 삼아 자기의 견해를 발휘하고 아울러 이를 통하여 사회현실을 개혁하고자 한 것이다. 중심인물로는 황종희黃宗羲

・고염무顧炎武・왕부지王夫之・부산傅山・손하봉孫夏峰・주지유朱之瑜
・안원顔元 등을 들 수 있다.

2 경세치용經世致用의 학풍

경세치용은 명말明末에 나타나기 시작한 이학理學 말류末流의 "청담淸談"・"무허務虛"한 학풍에 대항하여 생긴 말이다. 당시의 학자들은 이러한 학풍이 명말 사회에 조성한 병폐에 대해 비통함을 느꼈으며, 이에 그러한 학풍에 학술적인 비판을 가하고 학풍의 변화와 그 방향에 대하여 각자 자신의 견해를 펼치게 되었다. 경세치용을 주장한 학자들은 모두 실용實用을 주제로 한 실학實學을 주장하였다.

왕부지의 주장이다.

"고금古今의 공허하면서 미묘한 주장을 모두 폐지하고 실질로 돌아가자."
"盡廢古今虛妙之說, 而返之實."王敔,『薑齋公行述』

주지유朱之瑜의 주장이다.

"학문을 하는 데에는 마땅히 실질적인 업적이 있어야 하고 실용적이어야 한다."

"爲學當有實功, 有實用."『朱舜水集』卷11

부산傅山의 주장이다.

"독서는 많은 것을 탐할 필요가 없다. 다만 몸과 마음에 실질적인 효과를 거둘 수 있는 곳에서 때 맞춰 이해해야 한다."
"讀書不必貪多, 只要於身心實落受用處, 時時理會."『霜紅龕集』卷38

3 경세치용학經世致用學의 특징

① 실질적인 사회현실 중시

천하·국가·민생의 일은 현실에 힘써야 하는 것을 구체적 내용으로 해야 하고, 학문의 연구는 반드시 사회의 현실문제와 연관되어야 한다고 강조하였다. 이옹李顒의 주장은 바로 이러한 점을 강조하고 있다.

"도道는 헛되이 말하면 안 되고 학문에는 실질적인 효과가 중요하다. 학문하면서도 실질적인데 힘쓰거나 시국의 어려움을 구제하는 데 부족하면 진실로 이불을 감싸고 있는 부녀자와 같을 따름이다."
"道不虛談學貴實效, 學而不足以開物成務, 康濟時艱, 眞擁衾之婦女耳."『二曲集』卷7

② 조사연구調査硏究 중시

조사연구를 중시한 가장 대표적인 학자로는 고염무顧炎武를 들 수 있다. 고염무는 학문을 할 때 반드시 직·간접적으로 경험을 해야 한다며 몸소 체험하는 것을 중요시하였다. 그는 수리水理의 문제를 살필 적에도 옛 사람의 책만을 기준으로 삼지 않고 실제로 물길을 살피는 등 조사연구를 중요하게 생각했다.

③ 공리주의로서 송명이학의 반反공리주의와 대립

황종희黃宗羲는 학문學問과 사공事功[功을 중시하는 것]을 둘로 나누는 송명이학의 오류를 비판하였다.

> "학문은 적용하는 것을 귀하게 여기는데 어째서 오늘날의 사람들은 한 가지에만 빠져 도道라 하고 학문學問과 사공事功을 두 갈래로 나누는가?"
> "學貴適用, 奈何今之人執一以爲道, 使學道與事功判爲兩途."『姜定庵先生小全』

그는 진정한 유학자는 국가와 민족을 위하여 공적과 업적을 세우는 것을 목표로 하여야 한다고 하였다.

안원顔元은 학문과 사공事功의 통일을 주장하였다.

"그 옳음을 바로잡음으로써 그 이로움을 꾀하고, 그 도道를 밝히면서 그 결과도 따져라."
"正其誼以謀其利, 明其道而許其功."『四書正誤』卷1

경세치용학파 대부분은 학문學問과 사공事功의 통일을 중시함으로써 남송南宋의 사공파事功派인 진량陳亮을 숭배하였다. 그들의 저술은 모두 당시 사회의 병폐를 치유하기 위한 처방이었다. 그들은 서로 다른 많은 참신한 견해를 전개하여 여러 영역에 걸쳐 전에 없던 큰 성과를 얻게 됨으로써 명청明淸 교체기의 대표적인 학풍을 이루게 되었다.

④ 세상을 바로잡고 백성을 구제하려는 책임감

주지유朱之瑜는 국가를 다스리고 교화敎化를 넓히며 어려움을 구제하는 것은 유학자나 뜻이 높은 선비들의 사명이라고 생각하였다. 부산傅山은 어려움을 극복하고 혼란을 해결하여 인간을 구제하고 만물을 이롭게 하는 것을 대장부 본연의 임무라고 여겼다. 왕부지王夫之는 몸으로 세상을 떠맡는 사람을 이상적인 인격으로 생각하였다. 경세치용학파는 개인과 민족·국가의 앞날을 연관시켜 시대적 책임감을 제창했을 뿐만 아니라, 언행을 일치시켜서 시대적 문제 해결을 위해 몸으로 힘써 행동하였다.

> 알게 된 내용
>
> - 경세치용의 학(學)은 사회현실의 문제를 중심으로 세상과 시대를 구제한다는 것을 목표로 하였다.
> - 경세치용의 학(學)은 공리주의의 색채를 띠고 송명이학을 비판함으로써 당시 진보적인 사상가들의 포부와 이상을 드러내었다.

풀어보기

● **주지유**朱之瑜: 1600~1682

　자字는 노여魯璵이고 호號는 순수舜水이며 시호諡號는 문공文恭으로, 절강성浙江省에서 태어났다. 명나라가 망하자 청조淸朝에 벼슬하지 않고 일본·교지交趾(베트남 북부)·안남安南 등지를 유랑流浪하며 10여 년 간 명조明朝의 회복을 위하여 힘쓰다가 1659년 일본에 귀화하였다. 그의 주자학朱子學과 존왕사상尊王思想은 일본에 많은 영향을 끼쳤으며, 저서로는 『주순수집朱舜水集』·『명주징군집明朱徵君集』·『박주고泊舟稿』 등이 있다.

● **안원**顔元: 1636~1704

　자字는 혼연渾然이고 호號는 습재習齋이며 하북성河北省 박야博野에서 태어났다. 그는 극단적인 공리주의功利主義와 실리주의實利主義를 제창하였다. 그는 실리실행實利實行을 존중하였으며, 이와 같은 그의 주장은 왕원王源 등의 제자에 의하여 계승되었다. 1871년 공양학자公羊學者인 대망戴望이 『안씨학기顔氏學記』를 간행하면서 다시 주목받게 되었다.

● 이옹李顒 : 1627～1705

자字는 중부中孚이고 호號는 이곡二曲이며 섬서성陝西省 주질현盩厔縣 사람이다. 경사經史 백가百家로부터 불노佛老의 서적에 이르기까지 모두 읽었으며, 지조가 굳어 청조淸朝에서 여러 번 불렀으나 벼슬하지 않았다. 그는 자유로이 강학講學하면서 청조의 사상 억압 정책에 대립하였다. 손기봉孫奇逢·황종희黃宗羲와 더불어 당시의 삼대유三大儒로 병칭되었다. 그는 실학實學을 중시하였다. 저서에는 『사서반신록四書反身錄』·『십삼경규류十三經糾繆』·『이십일사규류二十一史糾繆』·『역년기략歷年紀略』·『잠확록簪確錄』·『이곡집二曲集』 등이 있다.

중국사상가 ㉟ 康有爲

• 중국사상가 ㉟

캉여우웨이(康有爲): 1858~1927. 청말(淸末)의 정치가·사상가. 청조 말기와 중화민국 초기에 중국의 도덕적 타락과 무분별한 서구화를 막아낼 정신적 지주로서 유교를 널리 전파시키고자 노력했다. 주요저서로『공자개제고(孔子改制考)』,『대동서(大同書)』등이 있다.

청대清代철학: 대진戴震의 사상

알아 볼 내용

· 대진戴震의 철학사상

---

1 대진戴震은 누구인가

　　대진戴震(1723~1777)의 자字는 동원東原이며 안휘安徽 휴영현休寧縣에서 출생하였다. 청대淸代의 고증학자考證學者로 환파경학皖派經學의 창시자이다. 『사고전서四庫全書』의 찬수관纂修官과 한림원翰林院 서길사庶吉士 등을 역임하였다. 어려서 이미 『설문해자說文解字』와 십삼경十三經에 능통하였으며, 음운音韻·훈고訓詁·지리地理·천문天文·산수算數·명물名物 등 모든 분야에 뛰어났다. 과학적 연구 정신을 중요시하였는데, 학문연구의 근본방법으로 성음문자聲音文字에 의한 훈고訓詁를 하고 이 훈고에 의하여 의리義理를 탐구하는 방법을 취하였다. 이것이 실증實證에 의하여 진리를 추구하는 실사구시實事求是의 정신이다. 저서로는 『맹자자의소증

孟子字義疏證』・『원선原善』・『성운고聲韻考』・『모정시고증毛鄭詩考證』・『고공기도考工記圖』・『대동원집戴東原集』 등이 있다.

2 명말明末·청초淸初의 학술경향과 고염무顧炎武

명말·청초의 진보적 사상가로는 황종희黃宗羲와 왕부지王夫之 외에 고염무顧炎武를 들 수 있는데, 특히 고염무가 청대의 학술발전에 끼친 영향은 매우 크다. 고염무는 육왕陸王의 심학心學을 명明 멸망의 원인으로 보고 극렬히 비판하였고, 또한 정주程朱의 이학理學에도 반대하여 "경학이 바로 이학이다.[經學卽理學]"라는 구호를 앞세워 역사적인 실제 문제에 대한 연구를 주장하였다. 그는 유가경전에 통달함으로써 실제적인 것에 응용한다는 "통경치용通經致用"을 주장하였으며, 이로써 고대의 유가 경전에 관한 많은 고증학적인 작업을 진행하여 청대淸代의 훈고·고증학적인 학풍을 열어 놓았다. 청대의 학술은 훈고訓詁·고증考證이 주류이다. 고염무 역시 훈고·고증을 주장하고 있지만 그의 중심사상은 현실문제의 탐구에 중점이 있는 "통경치용通經致用"이었다.

3 대진의 자연관

① 도道와 기화氣化

대진은 장재張載의 철학을 계승하여 "도道가 곧 기화氣化[道卽氣化]"임을 주장하였다.

"도라는 것은 변화가 끊임없는 것이다."
"道言乎化之不已也."『原善』上

그는 도道라는 글자의 본뜻이 변화의 과정을 가리킨다고 하였다. 이러한 견해는 도道를 이理라고 여기는 주자학朱子學의 견해와는 근본적으로 구별된다.

② 이理

대진에 의하면 이른바 이理라는 것은 기화氣化과정 중의 조리條理일 뿐이다. 이理란 사물 간을 구별해주는 것으로서 사물변화 중의 불변하는 규율이기도 하다.

"그렇기 때문에 이치를 밝힌다는 것은 구분을 밝게 하는 것이다."

> "是故明理者, 明其區分也."『孟子字義疏證』卷上

대진은 이理를 논의하면서 특별히 "구분區分"을 강조하였다. 이理는 서로 다른 종류의 사물을 구분해주는 것으로, 하나의 사물이 갖고 있는 특수한 규율이다. 그는 이러한 관점으로 주자학朱子學에서 말하는 "만물일리萬物一理"라는 견해를 비판하고 있다.

③ 식息과 생生

기화氣化가 진행되는 중에 상대적인 정지가 있게 되는데 이를 "식息"이라고 하였다.

> "발생하면 쉼이 있게 되고 쉬면 발생하게 되어 천지가 변화를 이루게 된다."
> "生則有息, 息則有生, 天地所以成化也."『原善』上

"식息"과 "생生"이 부단히 계속되는 것을 만물이 변화하고 발생하는 과정으로 본 것이다.

4 대진의 인식론

대진은 자연이 우선 존재하고 사람은 천지天地에 의하여 생성되었다고 여긴다.

"천지天地가 있고 난 후에 인간이 있다."
"有天地, 然後有人物."『原善』上

그리고 이러한 천지天地에 의하여 생성된 인간이 가장 우수하다고 주장한다.

"사람은 천지天地가 지극히 융성한 증거이다."
"人也者, 天地至盛之征也."『原善』中

한편 사람의 인식작용은 사람의 생리적인 감각기관에 기초하고 있기 때문에, 혈기가 있은 연후에 심지心知가 있다고 생각한다. 여기서 말하는 혈기란 사람의 신체를 가리킨다. 사람의 신체는 인식의 기본적 토대이다. 심心은 사람의 감각기관을 주재한다. 감각기관의 작용은 소리·맛·색깔·냄새 등을 구별하지만, 심心은 "이의理義"를 구별한다. 그리고 이러한 소리·맛·색깔·냄새와 이의理義는 마음속에 있는 것이 아니라 모두 밖에 있는 것이다.

"맛과 소리 그리고 색깔은 사물에 있는 것이지 나에게 있는 것이 아니다. 나의 혈기에 접촉되어 변별이 있고 좋아함이 있는 것이다. …… 이의理義는 일의 정황에 달려있다. 나의 심지心知에 접촉되어 변별이 있고 좋아함이 있는 것이다."

"味與聲色在物不在我, 接于我之血氣, 能辨之而悅之. …… 理義在事情之條分縷析, 接于我之心知, 能辨之而悅之."『孟子字義疏證』卷上

대진은 주자학에서 말하는 "이치가 마음속에 갖추어져 있다.[理具于心]"라는 선험론적 인식론을 혹독하게 비판하였다. 대진에 의하면 이理는 객관적인 것으로 사물 가운데 존재할 뿐이지 마음속에 존재하는 것은 아니다.

5 대진의 윤리론

① 성性에 관한 견해

대진은 우선 기일원론氣一元論의 관점으로 인간의 성性을 설명한다. 따라서 주자학朱子學에서 인간의 성性을 "의리지성義理之性"과 "기질지성氣質之性"으로 나누어 보는 견해에 반대하였다.

② 이理는 욕망에 존재

대진은 송명이학가들이 다룬 "이욕理欲"논쟁을 맹렬히 비판하였다. 이理라는 도덕원칙은 감정욕망을 떠나서 존재하는 것이 아니라는 것이다.

"이치란 욕망에 존재한다."
"理者, 存乎欲者也."『孟子字義疏證』卷上

감정욕망의 적당한 만족이 이理라 할 수 있으며, 이理는 욕欲과 대립하는 것이 아니라 욕欲 속에 있는 것이다. 개인의 감정욕망의 적당한 만족으로부터 이를 확대해 나간다면 모든 사람이 감정욕망의 적당한 만족을 얻게 되는 이상세계에 이를 수 있다.

한편 그는 이理와 욕欲을 통일적으로 파악하였다. 욕欲은 자연적이며 이理는 필연적이다. 필연은 자연으로부터 나오며 자연의 완성이다. 그렇기 때문에 욕망을 떠나서는 이理가 없게 된다는 것이다.

"욕망이 있으면 행위가 있게 되고 행위는 당연한 법칙인 이理에 귀결된다. 욕망이 없다면 행위가 없게 되는데 어찌 이理가 있겠는가?."
"有欲而后有爲, 有爲而歸于至當不可易之謂理, 無欲無爲, 又焉有理."『孟子字義疏證』卷下

그는 또한 "이욕理欲"의 논리가, 통치자가 백성을 압제하고 핍박하는 데 이용되고 있음을 거론하였다.

"잔혹한 벼슬아치는 법으로 사람을 죽이고 후대의 유학자들은 이치로써 사람을 죽인다."
"酷吏以法殺人, 后儒以理殺人."『孟子字義疏證』卷上

"사람이 법에 의하여 죽으면 불쌍하다고 여기지만 이理에 의하여 죽으면 누가 불쌍하다고 하겠는가!"
"人死于法, 猶有憐之者. 死于理, 其誰憐之."『孟子字義疏證』卷上

이는 모두 통치자들이 "명교名敎"니 "의리義理"니 하는 말로 백성을 억압하는 현실을 폭로한 것이다.

도학道學적 유심주의唯心主義로서의 "이욕"논리에 대한 대진의 맹렬한 비판은 당시 중요한 의의를 갖는다. 대진은 백성들의 물질생활에 관한 요구를 중시하였다. 뿐만 아니라 이理는 욕망에 존재한다는 논리로 전개되는 그의 이욕관理欲觀은 통치자의 압제에 대한 백성들의 반항을 대변해주고 있다.

알게 된 내용

- 대진은 "통경치용通經致用"을 중심으로 하는 청대의 훈고·고증학적 전통을 이어받아 실사구시實事求是의 철학사상을 전개하였다.
- 백성들의 물질생활에 관한 요구를 중시한 대진의 이욕관理欲觀은 통치자의 압제를 고발하고 백성들의 반항을 대변해주는 의의를 갖는다.

풀어보기

● 환파경학皖派經學

　환파皖派란 절강학파浙江學派의 한 분파로서 강영江永(1681~1762)과 대진戴震을 중심으로 한 고증학파考證學派를 말한다. 환皖이란 안휘성安徽省의 옛 이름으로 이들이 주로 이곳 출신이기 때문에 환파皖派라고 불리게 되었다. 대진戴震의 문하에서 단옥재段玉裁와 왕념손王念孫, 왕인지王引之 등이 나왔다.

● 고염무顧炎武: 1613~1682

　중국 명말明末·청초淸初의 사상가로서, 자字는 영인寧人이고 호는 정림亭林이며 강소성江蘇省 곤산崑山에서 태어났다. 명明나라 말기의 양명학陽明學의 공리공론空理空論을 반대하고 경세치용經世致用의 실학實學에 뜻을 두었다. 일찍이 항청운동抗淸運動에 참가하였으나 실패하였으며, 죽을 때까지 청조淸朝에서 벼슬하지 않았고 명조明朝의 부흥운동에 힘썼다. 주요저서로는 『일지록日知錄』·『천하군국이병서天下郡國利病書』·『음학오서音學五書』 등이 있다.

중국사상가 ㊱

譚嗣同

- 중국사상가 ㊱

  담사동(譚嗣同): 1865~1898. 청대(淸代)의 사상가. 중국의 사상해방의 선각자로서, 변법자강(變法自疆)운동에 참가하여 개혁에 착수하였다가 무술(戊戌)정변 때 사형 당하였다. 저서로는 『인학(仁學)』이 있다.

근대중국의 사유세계는 어떠하였을까

알아 볼 내용
· 근대 중국의 "고금古今" · "중서中西" 논쟁

1 근대 중국의 중심문제

근대 중국의 중심문제는 어떻게 서구를 학습할 것인가와 어떻게 자신의 전통을 계승할 것인가 하는 것이었다. 이러한 문제의식의 목적은 주체적인 반성을 통하여 나라와 백성을 구할 방법을 찾는 것이었다. 또한 이 문제는 급변하는 세계에서 중국은 어디로 갈 것인가의 문제이기도 하였다. 나라와 백성을 구할 방법을 찾기 위하여 근대 중국의 사상가들은 고대 철학사상 중의 "도기道器" · "지행知行" · "고금古今" 등의 논변을 다시 검토하였으며, 이들을 기초로 하여 새로운 시대에 적용될 수 있는 논의를 이끌어 내었다. 근대중국이 당면한 가장 크고 중요한 문제는 바로 "고금古今" · "중서中西"의 문제였다. "고금"은 과거와 현재를 말하는데, "고古"

는 공자孔子와 종법제宗法制 및 왕제王制를 축으로 하는 기왕의 제도와 문물 및 사상을 말하고, "금今"은 당시 근대중국이 마주한 새로운 문물과 사상 등을 말하는 것이다. 한편 "중서"는 중국과 서양을 의미하는 것이다. 고금과 중서가 근대중국의 화두가 되었던 것은, 당시가 서양의 문물과 세력이 들어오던 시기이자 결국 이로 인한 구체제·구사상·구문화의 한계가 드러나던 시기였기 때문이다. 따라서 옛것에 대한 반성은 전통에 대한 포기와 계승이라는 두 갈래 선택을 낳았으며, 새로운 서양문물과 사상 역시 중국을 구제할 수 있는 새로운 희망이자 중국을 완전히 삼켜버릴 공룡이라는 두 가지 상반된 평가를 받게 되었다. 이에 중국의 명운을 걱정한 근대 사상가들은 고古·금今·중中·서西의 장단점을 조율하여 체득한 각각의 견해를 가지고 치열한 논쟁을 전개하였던 것이다.

2 "고금古今"·"중서中西"의 문제 제기

아편전쟁 후 임칙서林則徐의 절친한 친구인 공자진龔自珍과 위원魏源은 "고금古今"·"중서中西"의 문제를 제기하였다. 고금古今·중서中西의 문제는 서로 연관되어 있는데, 철학적으로 두 가지의 문제를 내포하고 있다. 하나는 역사관의 문제로서 일반적으로 말하는 발전관의 문제이다. 다른 하나는 인식론의 문제로서 주로 지행관知行觀의 문제이다. 공자진과 위원은 어떻게 민족적 위기를 극복할 것인가의 각도에서 고금古今·중서中西

의 문제를 제기하였다.

공자진龔自珍은 국가의 법제와 시대적 추세 그리고 인륜의 사례 및 사회의 기풍 등 일체의 것은 부단히 변화한다고 말하였다.

"예로부터 지금까지 법이 개정되지 않은 적이 없고 세력이 축적되지 않은 적이 없으며 사례가 변천하지 않은 적이 없고 풍속이 바뀌지 않은 적이 없다."
"自古及今, 法無不改, 勢無不積, 事例無不變遷, 風氣無不移易."『上大學士書』

그가 보기에 가장 중요한 것은 당시의 필요에 통하는 것이니, 곧 현실 사회문제를 완전히 이해하여야 하며 늘 고서古書를 가까이 하여 본받을 수 있어야 한다는 것이었다.

위원魏源은 순자荀子의 논점을 새롭게 제기하여, 현실로써 고대의 도리道理를 점검해야 한다고 주장했다.

"옛 것을 잘 말하는 사람은 반드시 현재에 대한 체험이 있다."
"善言古者, 必有驗於今."『皇朝經世文編敍』

그는 또 서방의 선진 기술을 배워 근대의 공업을 일으키면 군사적으로도 외래의 침략에 저항하고 적을 제압할 수 있다고 주장하였다.

"오랑캐의 뛰어난 기예를 스승으로 삼아서 오랑캐를 제압한다."

"師夷之長技以制夷." 『海國圖志』

공자진과 위원의 주장은 중국 근대의 고금古今·중서中西 논쟁의 시발을 보여주고 있으며, 중국 근대 철학의 출발을 드러내주고 있다. 이는 두 사람이 모두 변화를 강조하여 현실에 대한 변혁을 요구하였기 때문이다.

3 "고금古今"·"중서中西" 문제의 전개

① 태평천국혁명과 개량이론

태평천국혁명의 영수인 홍수전洪秀全은 서양으로부터 현실 변혁의 진리를 구하고자 하였다. 그는 서양의 종교형식을 빌어 "배상제회拜上帝會"를 세워 농민 봉기를 조직했으며, 인간에게 평등과 평균의 천국을 세우려고 시도하였다. 비록 공상에 그치긴 했지만, 태평천국이 제시한 이상은 중국의 오랜 봉건전제주의를 비판한 것으로 명백하게 근대 민주주의의 색채를 띠고 있는 것이다. 따라서 이 이상은 고금古今·중서中西 논쟁의 특별한 의의를 가진다.

이러한 농민봉기에 자극받은 기득권 계층은 완고파와 개량파의 입장을 보이게 된다. 완고파는 더욱 더 전제주의와 왕제王制는 바꿀 수 없다고 주장하였다. 반면 개량파는 공자진과 위원의 주장을 이어받아 법을 변화시키고 제도를 개혁한다는 "변법개제變法改制"를 말하였다. 이러한 개량파는 기器는 변해도 도道는 변하지 않는다는 공통된 사상을 갖고 있었으며 "양무운동洋務運動" 중에 제기된 "중체서용中體西用" 논리의 이론적 원류가 되었다.

② 무술변법운동戊戌變法運動

1898년의 무술변법운동은 중국의 정치역량을 보여주었으며, 고금古今·중서中西의 논쟁을 새로운 단계로 끌어 올렸다. 캉여우웨이康有爲는 탁고개제파托古改制派로서 서양으로부터 받아들인 진화론·천부인권론·부르조아공화국 이론을 전통문화와 결합시켰다. 이로써 그는 보수파의 "조종祖宗의 법은 바꿀 수 없다."는 주장을 반박하였다.

> "법이라는 것은 땅을 지키기 위해서 있는 것이다. 지금 조종祖宗의
> 땅이 이미 지켜지지 않는데, 조종祖宗의 법은 있어서 무엇 하겠는가?"
> "法者所以守地者也. 今祖宗之地旣不守, 何有於祖宗之法乎."『上淸帝第六
> 書』"

그는 또 양무파洋務派를 비판하여 그들의 움직임이 "변소의 벽을 단장하고 썩은 나무에 조각하는[飾糞墻, 雕朽木]" 꼴의 무용한 짓이라고 하였다. 그 밖에 그는 정치적으로는 군주의 전제적 정치체제를 개조하는 군주입헌의 실행을 주장하였고, 경제적으로는 자본가의 상공업 경영을 고취

하는 "이상입국以商立國"을 주장하였다. 문화적으로는 과거를 폐지하고, 학교를 건립하며, 서양의 책을 번역하고, 인재들을 유학시킬 것을 주장하였다.

앤푸嚴復는 서양철학을 깊이 연구하였으며, 서양을 배우고 서양의 학문으로 중국의 학문을 대체할 것을 주장하였다. 그는 중국의 학문과 서양의 학문 간에는 조화와 절충의 여지가 없다고 생각하였다.

> "일찍이 중국과 서양의 사리事理 중 가장 같지 않아 결코 합치할 수 없는 것은, 중국인은 옛날을 좋아하고 현재를 소홀히 하지만 서양인은 현재에 힘씀으로써 옛날을 이기는 것이다."
> "昔謂中西事理, 其最不同而斷乎不可合者, 莫大於中之人好古而忽今, 西之人力今而勝古."『論世變之亟』

또한 그는 "중체서용中體西用"을 단호히 비판하기도 하였다.

> "중국의 학문에는 중국 학문의 체용體用이 있고, 서양의 학문에는 서양 학문의 체용이 있다. 이를 나누면 병립하지만 합하려 하면 둘 다 없어진다."
> "中學有中學之體用, 西學有西學之體用, 分之則並立, 合之則兩亡."『與外交報主人論敎育序』

그는 서양의 진화론적 입장에서 중국의 구제도적 숙명론과 역사순환론을 반대했다. 그는 진화론으로 중국인을 무장시켜 세계관과 사회역사관의 근본적 변화를 실현해야만, 중화민족이 자주·자강自强·자립의 신념을 가질 수 있다고 생각하였다.

무술변법에서 5·4운동 전까지 한 세대의 지식층에게 풍미하던 진화론進化論은, 그러나 고금·중서 논쟁에 해답을 줄 수 없었다. 진화론의 합리적 요소는 인류사회를 자연발전의 산물이자 진화의 과정으로 이해하는데 있다. 그러나 그들은 인간을 진화론과 연관시켜 생물학적이며 인류학적인 "종種"으로 보았기 때문에 실천적이 관념이 없었고, 인간의 사회적 역사발전으로부터 인식의 문제를 고찰 할 수 없었기 때문에 지행관이나 인식과 실천의 문제를 과학적으로 해결할 수 없었다.

③ "5·4" 신문화운동

1919년의 5·4 신문화운동은 과학과 민주라는 구호를 제기한 광범위하고도 깊이 있는 사상해방운동이었다. 천두시우陳獨秀·리따자오李大釗·후스胡適·루쉰魯迅 등은 공자를 대표로 하는 봉건사상과 문화에 대하여 비판을 하였으며, 중국인들에게 서양을 배우고 서양으로부터 진리를 구할 것을 고취하였다.

그러나 제1차 세계대전의 발발로 서구 자본주의의 모순과 위기가 표면화되고 첨예화됨으로써 서구 문명도 약점을 노출하게 되었다. 당시 량수밍梁漱溟은 『동서문화급기철학東西文化及其哲學』을 지어 당시 파산한 서구 물질문명의 대안을 동방의 정신문명으로부터 찾고자 하였다.

이후 10월 사회주의 혁명으로부터 중국의 지식인들은 "마르크스-레닌주의"를 기초로 하여 중국은 어디로 갈 것인가의 문제를 고찰하였다. 이 시기에 후스胡適에 의해 "문제와 주의[問題與主義]" 논쟁이 시작되었고, 사회주의문제·무정부주의문제·철학 및 사회사 그리고 문예에 관한 여러 차례의 논쟁이 진행되었으며, 소련에서 전개되던 교조주의에 반대하는 투쟁도 일어났다.

최후에는 마오쩌뚱毛澤東으로 대표되는 중국 공산당에 의해 마르크스주의 이론이 중국의 주류이데올로기가 되었다.

알게 된 내용

- 근대 중국의 중심문제는 서구에 대한 학습과 전통의 계승이라는 두 문제로 집약된다.
- 근대중국의 "고금古今"·"중서中西"의 문제는 태평천국혁명, 무술변법운동, 5·4 신문화운동을 거쳐 현재의 중국식 사회주의이론까지 이어지고 있다.

풀어보기

● 공자진龔自珍: 1792~1841

자字는 슬인瑟人이고 호號 정암定盦이다. 청대淸代의 춘추공양학자春秋公羊學者이다. 단옥재段玉裁의 외손으로 절강성浙江省 인화人和에서 출생하였다. 경학經學에 능통하였으며, 특히 『춘추공양전春秋公羊傳』에 정통하였다. 그는 『춘추공양전』의 대의를 인용하여 시정時政을 비난하고 전제專制를 배척하는 등 경학을 실용의 방면으로 전향시켰다. 이로써 종전의 고증학자와는 구별되는 학문 풍토를 진작시켜 "통경치용通經致用"을 제창한 금문今文 경학파의 중요한 인물로 평가받고 있다. 주요 저서로는 『정암문집定盦文集』・『오경대의종시론五經大義終始論』・『서역건행성의西域建行省義』 등이 있다.

● 위원魏源: 1794~1857

자字 묵심默深이며 호남성湖南省 소양현邵陽縣에서 출생하였다. 청대淸代의 춘추공양학자春秋公羊學者이다. 그는 춘추공양학의 변혁이론에 주목하고 이를 경세經世사상의 이론적 기초로 삼았다. 공자진龔自珍과 함께 "통경치용通經致用"을 주장한 대표적 인물이다. 주요 저서로는 『시고미詩古微』・『서고미書古微』・『공양미公羊微』・『성무기聖武記』・『해국도지海國圖志』・『고미당문집古微堂文集』 등이 있다.

● 『해국도지海國圖志』

　임칙서林則徐가 편역한 『사주지四洲志』를 기초로 하고 역대 사지史志 등을 증보하여 편찬한 책이다.

● 중체서용中體西用

　청淸나라 때 태평천국太平天國의 난 이후 일어난 양무洋務 운동의 기본사상이다. 중국의 전통적 유교도덕을 중심으로 하여 서양의 과학기술을 도입하자는 논리이다. 중국의 학문을 체體로 하고 서양의 학문을 용用으로 한다는 것으로, 중국 것을 모체로 하되 서양의 유용한 것들은 선별해서 사용하자는 것이 중체서용론의 요체이다. 이러한 논리가 한국에서는 "동도서기론東道西器論"으로, 일본에서는 "화혼양재론和魂洋才論"으로 나타났다.

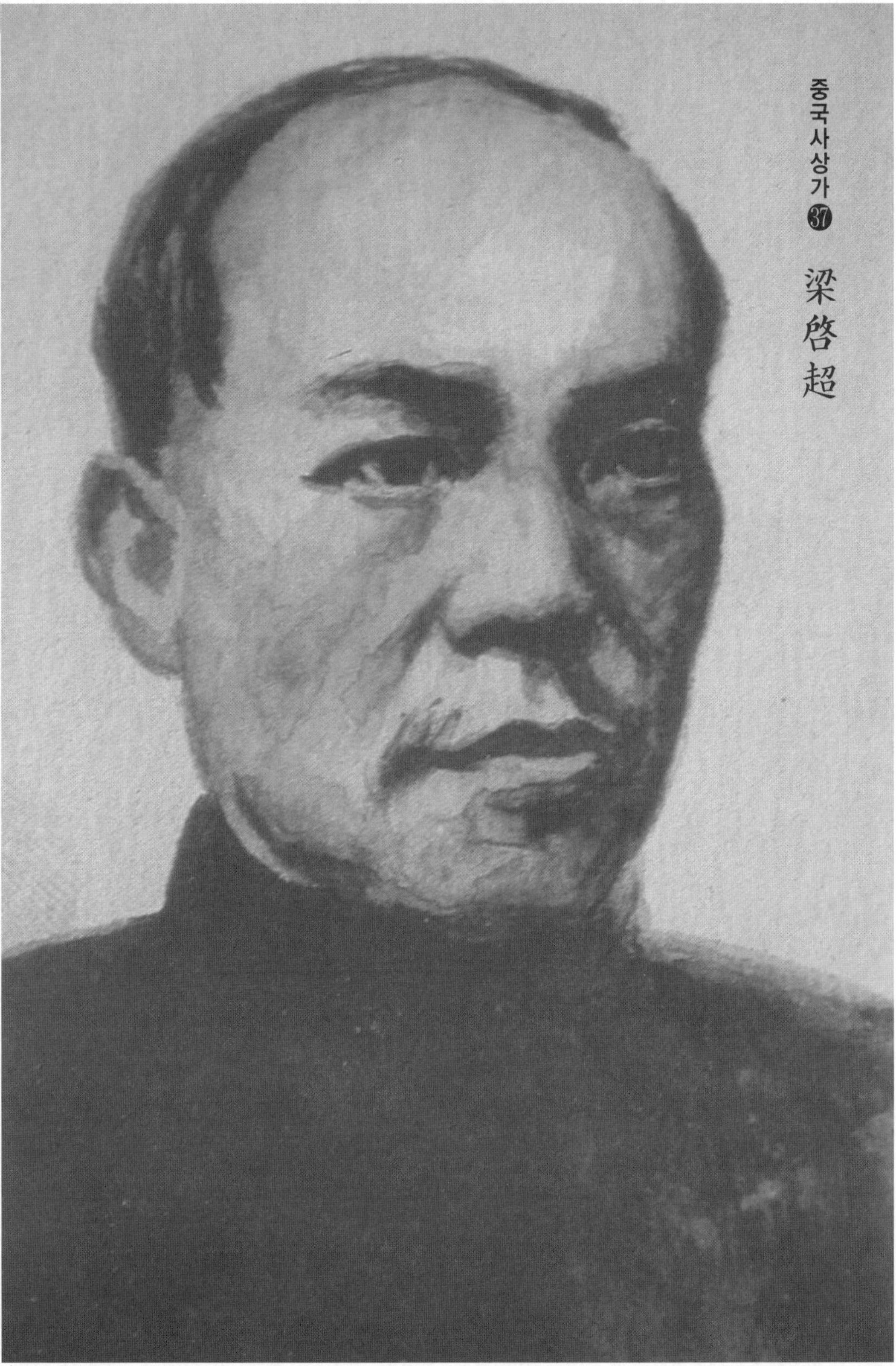
중국사상가 37
梁啓超

• 중국사상가 ㊄

량치차오(梁啓超): 1873~1929. 청말(清末)과 중화민국(中華民國)초의 계몽사상
가·문학가. 자(字)는 탁여(卓如), 호는 임공(任公) 또는 음빙실주인(飮氷室主
人). 주요저서로는 『음빙실합집(飮氷室合集)』, 『청대학술개론(清代學術槪論)』,
『중국근삼백년학술사(中國近三百年學術史)』 등이 있다.

중국철학은 유럽근대계몽운동에 무슨 영향을 주었나

알아 볼 내용
· 유럽의 근대계몽운동의 발생에 끼친 중국철학의 영향

1 근대계몽운동

① 시대배경

유럽의 계몽운동이 싹트고 전개된 것은 17,8세기였다. 당시의 사상가들은 교회 및 봉건전제주의와 반문명주의에 반대하고 이성주의 및 자유·평등·박애의 정신을 고취시켰다.

② 중국철학의 도입과정과 내용

17세기 말에 일어난 서양의 "중국열기"를 통해서 공자의 학문과 송명

이학宋明理學도 유럽으로 전파되었는데, 공자의 학문과 송명이학은 도덕과 이성理性을 중시하고 무신론적인 경향을 띠기 때문에, 전래되자마자 여러 사상가들의 주의를 끌었고 아울러 매우 급속도로 계몽운동가들에 의하여 봉건주의에 반대하는 사상적 무기가 되었다.

중국철학은 "예의논쟁禮義論爭" 과정에서 선교사들에 의하여 유럽에 소개되었는데, 예의논쟁에서 다루어지고 있는 범위는 매우 광범위하고 논쟁의 시간도 매우 길어서 당시 유럽의 사상가들에게 많은 영향을 끼쳤다.

③ 대표적인 계몽사상가

라이프니쯔Leibnitz(1646~1716)는 가장 먼저 중국철학의 의의를 인식하였다. 그는 청년시절 중국에 관한 지식을 갈구하였으며 중국에 관한 많은 책을 읽었다. 이후에도 한학자漢學者나 중국으로 건너간 선교사와 밀접한 관계를 맺음으로써 광범위하고도 깊이 있게 중국철학을 인식하였기에 편견 없이 중국철학을 평론할 수 있었다. 그는 전문적으로 중국철학의 저작을 논술하기도 하였으며, 변증법사상을 갖춘 그의 『단자론單子論』은 이학理學으로부터 커다란 영향을 받은 것이다.

라이프니쯔 이후 수십 년 간 유럽의 사상가들은 중국을 연구했고 이에 대한 자신의 견해를 발표하였다. 대표적 인물로는 독일의 볼프Wolf(1679~1754)와 괴테Goethe(1749~1832), 프랑스의 볼테르Voltaire(1694~

1778) 등이 있다. 이들의 연구는 간혹 중국의 봉건제도와 사상을 이상화 시키는 데 힘써 그들이 말하는 중국과 실제의 중국은 큰 차이가 있기도 하였다.

2 중국철학의 구체적 영향

① 도덕철학

그들은 중국의 도덕철학을 교회와 봉건군주의 부패와 잔학성에 대항하는 사상적 무기로 삼았다. 라이프니쯔는 일찍이 서유럽 각 교파의 상호언쟁과 대립의 문제를 뼈저리게 느꼈고, 또한 당시 유럽 통치계급의 도덕적 붕괴도 크게 우려하였다. 이에 중국문화의 도덕철학을 학습하는 것이 유럽의 문제를 해결하는 데 도움이 된다고 생각했다. 볼테르 역시 중국인의 도덕관념은 자신들의 기독교적 도덕관념보다 낫다고 생각했는데, 그 이유는 중국 유교의 교의敎義는 종래 자신들과 같은 그 어떠한 격렬한 언쟁이나 잔혹한 내전의 더럽힘도 받은 적이 없기 때문이라는 것이다. 그는 심지어 유가도덕을 선양하기 위하여 "오막유교윤리극五幕儒敎倫理劇"을 창작하기도 했다. 이 극劇에서 그는 중국도덕의 고상함과 그것이 발휘해내는 위대한 정신적 역량을 드러내어 보임으로써 유럽에 커다란 반향反響을 일으켰다.

② 이성주의

　유럽의 계몽사상가들은 중국철학의 이성주의를 들어 신학적 신앙주의에 반대하였다. 이러한 경향은 유럽에서 무신론無神論사상의 발전을 촉진하였다. 중국철학이 무신론에 속한다는 견해가 대두된 이유는 신학자들이 중국철학을 무신론적이라고 공격한 데서부터 비롯되었다. 이로부터 오히려 기독교 신학을 회의하거나 반대하는 계몽사상가들이 중국철학의 무신론적 성격을 찬양함으로써 기독교 신학을 비판하게 된 것이다. 백과전서파는 신학의 미신을 겨냥하여, 중국인은 이성理性으로써 진실과 거짓・선과 악을 판별하며 이성에 근거한 수신修身・제가齊家・치국治國・평천하平天下로써 위대한 생명력을 갖췄다고 선전하였다. 그들은 또 중국인이 상제上帝를 믿지 않는 것을 예로 들어 인류에게 본래 상제에 관한 관념이 없다고 설명하였다.

　일부는 중국철학이 자연신론自然神論에 속한다고도 하였다. 이는 여전히 유신론有神論에 속하는 것이지만, 신의 계시에 의존할 필요가 없으며 자연법칙을 서술함으로써 종교의 교리와 사회법칙을 확립한다고 주장하여 신앙적 종교를 이성적 종교로 변화시키려고 하였다. 중국문화를 자연신론으로 해석하는 이유는, 유럽 신학자들의 중국 무신론에 대한 비난을 막고 계시와 기적 따위를 찬양하는 종교를 비판하기 위한 것이다. 라이프니쯔는 중국이 안정되고 번영하며 국민들이 지혜롭고 관대한 것은 그들이 이성적인 자연신학을 믿기 때문이라고 했다. 그는 중국에만 있는 자연

신학이 진정한 철학적 종교라고 여겼다. 볼테르는 유교가 기적을 믿지 않고 내세를 말하지 않으며, 공자가 신이나 예언자로 자처하지 않고 다만 도덕을 말한 것에 특히 주목했다. 그는 이러한 것이 인류의 이성에 가장 적합한 것으로, 기독교는 이에 비해 훨씬 황당하고 오류에 가득 찬 것이라고 생각했다.

③ 도덕철학과 이성주의로 신학을 배격

중국철학의 성격과 구체적 내용에 관하여 계몽주의 사상가들의 견해는 다소 이견이 있다. 그러나 유럽의 계몽사상가들이 중국철학으로써 신학에 대항했다는 점은 공통이라고 할 수 있다. 중국철학은 유럽이 신학의 질곡桎梏으로부터 벗어나는데 매우 중요한 작용을 했다.

3 계몽사상에 있어서의 중국철학의 의의

계몽사상가들을 중심으로 전개된 반봉건투쟁에 있어 중국철학이 영향을 미친 것은 특정한 역사적 조건하에서 발생된 사회현상이다. 계몽사상가들은 인류가 모두 가치 있다고 여길 수 있는 생기 있는 정신을 흡수하고자 하였다. 결론적으로 그들은 중국철학이 이론적으로 도달한 높은 수준 및 인류사회의 발전과 번영에 끼친 중대한 가치와 의의를 인식하게 되었던 것이다.

알게 된 내용
- 유럽의 계몽사상가들은 중국철학이 이론적으로 도달한 높은 수준과 인류사회의 발전과 번영에 끼친 중대한 가치와 의의를 인식하게 되었다.
- 유럽의 계몽사상가들은 중국철학의 도덕철학과 이성주의로 신학에 대항하고 봉건전제주의와 반문명주의에 반대하였다.

풀 어 보 기

● 예의논쟁禮義論爭

예의논쟁은 중국의 기독교 신도가 공자나 조상에게 제사를 지내도 좋은가의 문제와, 중국한자의 상제上帝 개념을 사용하여 기독교의 신神 개념을 표현할 수 있는가 등의 문제를 둘러싸고 예수회Jesuit 일파와 도미니크Dominic 교단·프란체스코Francesco 수도회 간에 벌어진 논쟁을 가리킨다. 이 논쟁에서 다루어진 범위는 종교와 예의문제로부터 언어·문자·철학·윤리학 등의 영역에까지 이르렀고, 쌍방이 발표한 저작이 260여부에 이르고 시간으로도 100여 년이나 되는 긴 논쟁이었다.

● 백과전서파

프랑스에서 『백과전서』의 집필과 간행에 참여한 계몽사상가들이다. 디드로Diderot·돌바하d'Holbach·달랑베르d'Alembert 등을 중심으로 당시의 학문과 기술을 집대성하였다. 이들은 이성理性을 중시하고 신학神學과 교회를 비판하였다.

찾아보기

(ㄱ)

간이(簡易) 314
간이공부(簡易工夫) 304
강상명교(綱常名教) 199
거경궁리(居敬窮理) 281
격물(格物) 31, 275, 284, 313, 315
격물궁리(格物窮理) 281
격물치지(格物致知) 281, 286, 321
격심(格心) 313
겸애(兼愛) 149
경(敬) 240
경(經) 89
경도(經道) 91
경세치용(經世致用) 22, 365
경의(經義) 196
경학(經學) 237
고금(古今) 387
고염무(顧炎武) 353, 368, 376
고자(告子) 71
고증(考證) 376

『곤지기(困知記)』 347
공(空) 258
공리(公利) 284, 346
공리주의(功利主義) 148
공손룡(公孫龍) 138
공자(孔子) 31, 50, 90, 119, 122, 189, 248, 294, 388, 393, 399
공자진(龔自珍) 388
곽상(郭象) 202
관물(觀物) 251
교조주의(教條主義) 92
구지에깡(顧頡剛) 42
구품중정제(九品中正制) 196
『국어(國語)』 38
군권신수(君權神授) 186
궁리(窮理) 276, 281, 313
궈모뤄(郭沫若) 42
권(權) 89
권도(權道) 90
극기복례(克己復禮) 248, 262
기(氣) 239, 240, 261, 272, 355

찾아보기 407

기질지성(氣質之性)　240, 274
기화(氣化)　259, 377

『독통감론(讀通鑑論)』　354, 358
돈오(頓悟)　220, 285
동중서(董仲舒)　15, 178, 185, 188

(ㄴ)

나흠순(羅欽順)　347
낙학(洛學)　261, 302
내성외왕(內聖外王)　17, 32, 196, 284
노자(老子)　39, 100, 120, 137
『노자(老子)』　17, 198
노장(老莊)　17, 98, 137
능소(能所)　356

라이프니쯔(Leibnitz)　400, 402
량수밍(梁漱溟)　393
량치차오(梁啓超)　26
루쉰(魯迅)　393
리따자오(李大釗)　393

(ㅁ)

(ㄷ)

담사동(譚嗣同)　360
담약수(湛若水)　306
대일통(大一統)　15, 177, 187
대진(戴震)　347, 375
『대학(大學)』　31, 229, 275, 284, 321
덩샤오핑(鄧小平)　22
도(道)　97, 287
도기(道器)　356, 387
도심(道心)　239, 274
도통설(道統說)　228
도학(道學)　230, 249
『독사서대전설(讀四書大全說)』　354
독존유술(獨尊儒術)　14

마르크스주의　22
마오쩌둥(毛澤東)　22, 394
망(忘)　98, 110
맹자(孟子)　63, 72, 79, 90, 119, 124,
　　　137, 157, 232, 293, 294
『맹자자의소증(孟子字義疏證)』　375
멸욕(滅欲)　343
명(名)　167
명(命)　359
명(明)　286
명교(名敎)　199, 382
명법(明法)　168
명실(名實)　137
명심(明心)　314

408

무(無)　199
무극(無極)　249
무술변법(戊戌變法)　21
무술변법운동　391
무아(無我)　99, 251
무욕(無欲)　343, 348
무위(無爲)　16, 121
무위이치(無爲而治)　178, 188
무위자연(無爲自然)　17, 101, 120,
　　199
묵가(墨家)　147, 331
묵자(墨子)　44, 123, 137
물아양망(物我兩忘)　99
물아일체(物我一體)　99
민귀군경(民貴君輕)　63
민학(閩學)　271

(ㅂ)

박애(博愛)　146
반야학(般若學)　210
배상제회(拜上帝會)　390
백가쟁명(百家爭鳴)　14, 137
백과전서파　402
백록동서원(白鹿洞書院)　305
법술(法術)　168
법안종(法眼宗)　221
법치(法治)　169, 187
변(變)　259

변법개제(變法改制)　391
보리달마(菩提達摩)　219
보편성　92
복성설(復性説)　231
본말(本末)　196
본심(本心)　311, 314
본연지성(本然之性)　239
본체(本體)　258
볼테르　403
부동심(不動心)　263
부산(傅山)　367, 369
분서갱유(焚書坑儒)　14
분수(分殊)　333
불상리(不相離)　239
불상잡(不相雜)　239

(ㅅ)

사(士)　14
사공(事功)　368
사구교(四句教)　321, 324
『사기(史記)』　168
사단(四端)　74, 80, 240
사량좌(謝良佐)　302, 344
사무(四無)　324
『사서집주(四書集註)』　271
사양지심(辭讓之心)　75
사유(四有)　324
사해동포주의(四海同胞主義)　331

삼교합일(三敎合一) 18, 325
삼현(三玄) 196
상(常) 133
상(象) 258
상동주의(尙同主義) 148
상수파(象數派) 251
생(生) 378
서(恕) 57
『서명(西銘)』 260, 262, 331
선(禪) 217
선법(禪法) 218
『선산유서(船山遺書)』 360
선정(禪定) 219
선종(禪宗) 18, 211, 232
선지후행(先知後行) 283, 323
선행후지(先行後知) 283
성(性) 72, 79, 239, 265, 273, 380
성(誠) 240, 285, 293
성리(性理) 265
성리학(性理學) 19, 237
성명(誠明) 285
성삼품설(性三品說) 230
성선설(性善說) 72, 79, 232
성악설(性惡說) 79
성의(誠意) 31, 284, 323
성인(聖人) 111, 229, 304
성즉리(性卽理) 314, 322
세(勢) 358
『세설신어(世說新語)』 197
소국과민(小國寡民) 101

소당연(所當然) 275, 288
소옹(邵雍) 19, 250
소왕(素王) 189
소이연(所以然) 275, 287
소인(小人) 146
손무(孫武) 44
『송론(宋論)』 358
송명이학(宋明理學) 19, 158, 212, 301, 354, 399
수(數) 250
수기(修己) 147, 284
수신(修身) 31, 84, 284
수오지심(羞惡之心) 74
수학(數學) 250
순명책실(循名責實) 169
순자(荀子) 81, 121, 125, 137, 158, 389
시비지심(是非之心) 75
식(息) 378
신(神) 259
신선방술(神仙方術) 16
신수(神秀) 220
신유학(新儒學) 212, 237
실(實) 167
실사구시(實事求是) 375
실학(實學) 366
심(心) 213, 239, 273, 301, 303, 312, 379
심재(心齋) 99
심즉리(心卽理) 304, 312, 314, 321,

322
심통성정(心統性情) 273
심학(心學) 213, 264, 301, 302, 314, 376
십익(十翼) 46

(ㅇ)

아호(鵝湖) 303, 313
안연(顏淵) 248
안원(顏元) 368
애(愛) 145
애인(愛人) 145, 155
양간(楊簡) 306
양기(揚棄) 138
양명학(陽明學) 301, 306, 321
양무운동(洋務運動) 21, 391
양생(養生) 136, 198
양시(楊時) 331
양심(良心) 311
양지(良知) 321, 346
얜푸(嚴復) 392
『역전(易傳)』 40
예(禮) 52, 146
『예기(禮記)』 341
예법(禮法) 148
예의논쟁(禮義論爭) 400
오두미도(五斗米道) 16
5·4 신문화운동 21, 393
오여필(吳與弼) 306
오행(五行) 42
왕기(王畿) 324
왕도(王道) 32, 284, 293
왕도패도(王道覇道) 17, 196
왕부지(王夫之) 347, 353, 366, 369, 376
왕수인(王守仁) 301, 306, 319, 325, 345
왕패(王覇) 293
왕패병용(王覇竝用) 296
왕필(王弼) 199
용(用) 265, 334
용장오도(龍場悟道) 320
『용천문집(龍川文集)』 296
운문종(雲門宗) 221
원도(原道)』 228
원선(原善)』 376
월인만천(月印萬川) 212
위(僞) 81, 293
위앙종(潙仰宗) 221
위원(魏源) 388
위진현학(魏晉玄學) 198, 202
유(有) 199, 202
유무(有無) 196
유종원(柳宗元) 358
유종주(劉宗周) 306
유헌정(劉獻廷) 360
육구연(陸九淵) 295, 301, 303, 311, 347

『육구연집(陸九淵集)』 303
음양(陰陽) 37, 239
의(義) 122, 147, 150, 294
의리(義利) 122, 294, 295
의리(義理) 382
의리쌍행(義利雙行) 296
이(利) 122, 147, 150, 294
이(理) 212, 213, 238, 240, 265, 272, 312, 336, 355, 377
이고(李翶) 230
이구(李覯) 346
이기(理氣) 238, 265, 272, 355
이물관물(以物觀物) 251
이상입국(以商立國) 392
이선기후(理先氣後) 241, 334
이세합일(理勢合一) 358
이옹(李顒) 367
이욕(理欲) 343, 348, 381
이의(理義) 379
이의제리(以義制利) 296
이일(理一) 333
이일분수(理一分殊) 212, 239, 329, 336
이입(理入) 220
이입사행(二入四行) 219
이정(二程) 250, 261, 302
　　이정전서(二程全書)』 261
이학(理學) 212, 230, 232, 238, 264, 302, 314, 343, 366, 376, 400
인(仁) 30, 146, 155, 262

인과응보(因果應報) 210
인도(人道) 29, 117, 287
인성(人性) 71, 80, 265, 274
인심(人心) 239, 274
인온(絪縕) 355
인욕(人欲) 342
인위(人爲) 137, 158
인의(仁義) 74, 160
인의예지(仁義禮智) 75, 345
인정(仁政) 64
인학(仁學) 248, 262
일리(一理) 335
일심(一心) 331
임술(任術) 168
임제종(臨濟宗) 221

(ㅈ)

자연명교(自然名敎) 196
장구성(張九成) 331
장도릉(張道陵) 25
장자(莊子) 107, 120, 137
　　장자(莊子)』 17, 198
장재(張載) 19, 241, 257, 331, 343, 355, 377
전덕홍(錢德洪) 324
『전습록(傳習錄)』 319
절검주의(節儉主義) 148
점오(漸悟) 220

정(情)　239, 273
정성(定性)　263
「정성서(定性書)」　263
정심(正心)　31, 284
정이(程頤)　19, 241, 264, 293, 302, 313, 329, 331, 344
정전제(井田制)　14
정좌(靜坐)　313
정호(程顥)　19, 241, 261, 301, 342, 344
제(悌)　146
제가(齊家)　32, 284
제자백가(諸子百家)　13
조동종(曹洞宗)　221
조명(造命)　359
조사선(祖師禪)　219
존덕성(尊德性)　314
종법(宗法)　147
종법제(宗法制)　388
좌망(坐忘)　99
좌선(坐禪)　221
『좌전(左傳)』　39
주객합일　285
주공(周公)　118
주돈이(周敦頤)　19, 239, 247, 262, 272, 329, 344
주리론(主理論)　336
『주문공문집(朱文公文集)』　271, 296
『주역(周易)』　17, 198
『주역외전(周易外傳)』　347, 354

주일(主一)　240
『주자어류(朱子語類)』　271
주자학(朱子學)　19, 238, 321, 380
주지유(朱之瑜)　366, 369
주희(朱熹)　19, 50, 92, 238, 241, 271, 293, 296, 303, 304, 314, 321, 325, 329, 332, 336, 345
죽림칠현(竹林七賢)　202
중(中)　49, 56
중국식 사회주의　22
중서(中西)　21, 387
중용(中庸)　30, 50
『중용(中庸)』　285
중의경리(重義輕利)　296
중체서용(中體西用)　21, 391, 392
지(知)　323
지행(知行)　323, 357, 387
지행병진(知行幷進)　283
지행합일　323
진량(陳亮)　295, 296, 346, 369
진성(眞性)　218
진시황(秦始皇)　14
진여(眞如)　212, 221
진징팡(金景芳)　42
진헌장(陳獻章)　306
진화론(進化論)　393
쩡궈판(曾國藩)　26

(ㅊ)

차별애(差別愛) 146
천(天) 118, 132, 138, 213
천견(天譴) 186
천도(天道) 29, 117
천두시우(陳獨秀) 393
천리(天理) 20, 238, 322, 330, 341
천명(天命) 118, 137, 186
천명지성(天命之性) 273
천인(天人) 117, 131, 137
천인감응(天人感應) 39, 186
천인삼책(天人三策) 185
천인합일(天人合一) 29, 120, 137, 211, 260
천태종 211
청담(淸談) 17, 196
청류지사(淸流之士) 195
청의(淸議) 195
체(體) 265, 334
체용(體用) 273, 356
체용일원(體用一源) 265
추기급인(推己及人) 57, 146
추연(鄒衍) 44
『춘추(春秋)』 15, 177
충(忠) 56
충서(忠恕) 155
취산(聚散) 355
측은지심(惻隱之心) 74
치국(治國) 32, 284
치도(治道) 187
치양지(致良知) 321, 323, 345

치인(治人) 284
치지(致知) 31, 275, 284
친친(親親) 147
칠정(七情) 240

(ㅋ)

캉여우웨이(康有爲) 26, 391

(ㅌ)

태극(太極) 238, 249, 285, 287, 330, 333
『태극도설(太極圖說)』 239, 248, 272
태주학파(泰州學派) 306
『태평경(太平經)』 16
태평도(太平道) 16
태평천국혁명(太平天國革命) 21, 390
태허(太虛) 258
통경치용(通經致用) 376
『통서(通書)』 247, 329
특수성 92

(ㅍ)

파출백가(罷黜百家) 15
팔조목(八條目) 284

패도(霸道)　293
평천하(平天下)　32, 261, 284

(ㅎ)

『하남정씨유서(河南程氏遺書)』　261
한무제(漢武帝)　15, 178, 185, 188
한비자(韓非子)　125, 168
『한시외전(韓詩外傳)』　342
한유(韓愈)　227
행(行)　323
행입(行入)　220
허(虛)　99, 259
현학(玄學)　17, 197, 210
형(刑)　167
형명(刑名)　167
형명참동(刑名參同)　169
혜강(嵇康)　201
혜능(慧能)　219
혜시(惠施)　138
혜원(慧遠)　210
호굉(胡宏)　332, 346
호연지기(浩然之氣)　83, 157
화(化)　259
화엄종　211
환파경학(皖派經學)　375
활연관통(豁然貫通)　286
『황극경세서(皇極經世書)』　250
황로(黃老)　188
황로사상(黃老思想)　101
황로지학(黃老之學)　16, 168
황제(黃帝)　16
황종희(黃宗羲)　306, 353, 368, 376
효(孝)　146
효제(孝悌)　55, 155
후스(胡適)　393
후왕(後王)　284
훈고(訓詁)　238, 376
홍수전(洪秀全)　26, 390

저자 약력

임태승(林泰勝, 中國 南昌大學 哲學科 敎授)

성균관대 유학과에서 동양철학 전공 (학사, 석사)
중국 북경대학 철학과에서 중국철학과 중국미학 전공 (철학박사)
중국 북경대학 예술학과 특약연구원
미국 하와이대학 한국학연구소 객원교수
미국 하버드대학 옌칭연구소 객원연구원
중국 난창(南昌)대학 철학과 교수 (現)

저자는 이제까지 중국미학과 중국철학에 관한 저서 2권(『소나무와 나비: 동아시아미학의 두 흐름』, 『유가사유의 기원』)과 공저 3권(『美學的雙峰: 朱光潛·宗白華與中國現代美學』, 『창조신화의 세계』, 『지금, 여기의 유학』) 및 논문 20편, 서평·번역 6편 등의 연구성과가 있습니다. 그밖에 예술 관련 월간지에 미학에 관한 30여 편의 글을 연재한 바 있으며, 지금도 월간 『서예문화』에 "옛그림 속의 미학코드"라는 주제의 고정칼럼에 글을 연재하고 있습니다. <임태승 lintsh@dreamwiz.com>

공자에서 다시 공자까지,
중국철학의 흐름

Copyright ⓒ 2005 by 임태승
ⓒ HAKGOBANG Press Inc., 2005, Printed in Korea.

발행인/하운근
발행처/學古房
교정·편집/최선희
표지디자인/최선희

첫 번째 찍은 날/2005. 10. 05
첫 번째 펴낸 날/2005. 10. 15.

등록번호/제8-134호
서울시 은평구 대조동 213-5 우편번호 122-030
대표(02)353-9907 편집부(02)356-9903 팩시밀리(02)386-8308

ISBN 89-91593-45-3 03100

http://www.hakgobang.co.kr
E-mail: hakgobang@chol.com

값: 25,000원

※파본은 교환해 드립니다.